心梦飞扬 丛书

要想常有鱼
必须学会渔

丛书主编　郭喜青　程忠智
本册主编　董义芹

学习方法
生涯规划
情绪管理
心理健康
人际交往
悦纳自我

中原出版传媒集团
中原传媒股份公司

大象出版社
·郑州·

图书在版编目(CIP)数据

要想常有鱼　必须学会渔/董义芹主编.— 郑州：大象出版社，2019.5
（"心梦飞扬"丛书/郭喜青，程忠智主编）
ISBN 978-7-5347-9618-0

Ⅰ.①要… Ⅱ.①董… Ⅲ.①学习方法—青少年读物 Ⅳ.①G791-49

中国版本图书馆 CIP 数据核字(2018)第 280606 号

"心梦飞扬"丛书

要想常有鱼　必须学会渔

丛 书 主 编　郭喜青　程忠智
本 册 主 编　董义芹
本册副主编　刘秀华
本 册 编 者　石　影　于姗姗　张　丽　刘秀华　信　欣

出 版 人　王刘纯
责任编辑　袁俊红
责任校对　安德华　裴红燕
装帧设计　刘　民

出版发行	大象出版社（郑州市郑东新区祥盛街 27 号　邮政编码 450016）
	发行科　0371-63863551　总编室　0371-65597936
网　　址	www.daxiang.cn
印　　刷	河南新华印刷集团有限公司
经　　销	各地新华书店经销
开　　本	787mm×1092mm　1/16
印　　张	9.25
字　　数	147 千字
版　　次	2019 年 5 月第 1 版　2019 年 5 月第 1 次印刷
定　　价	32.00 元

若发现印、装质量问题，影响阅读，请与承印厂联系调换。
印厂地址　郑州市经五路 12 号
邮政编码　450002　　电话　0371-65957865

"心梦飞扬"丛书编委会
北京市中小学心理健康教育名师发展研究室组织编写

主任： 谢春风

主编： 郭喜青　程忠智

委员： （按拼音顺序排列）

陈文凤　程忠智　邓　利　丁媛慧　董义芹　郭喜青
韩沁彤　黄菁莉　姜　英　康菁菁　李春花　刘海娜
刘秀华　刘亚宁　柳铭心　卢元娟　秦　杰　石　影
田光华　田　彤　王　琳　王　青　王园园　信　欣
杨　靖　于姗姗　张　丽　庄春妹

总　序

习近平总书记说："孩子们成长得更好，是我们最大的心愿。"帮助少年儿童踏上健康、快乐、幸福的人生道路，需要我们做好各方面的工作，心理健康教育就是其中一项重要的工作。

少年儿童在成长过程中会有许多心理上的困惑需要弄清楚、解决好，这套"心梦飞扬"丛书就是以服务少年儿童身心健康成长为根本宗旨而组织编写的。丛书依据中小学心理健康教育的五个主要板块进行分册，各有侧重、层层递进，帮助少年儿童构建身心健康成长的自我认知、体验、升华的策略系统：《独一无二的我》引导少年儿童客观认识自己的优缺点，明确自己的兴趣和优势，悦纳自我，建立自信；《要想常有鱼　必须学会渔》引导少年儿童重视学习方法，在真实问题情境中学会运用各种策略解决问题；《沟通无界限　朋友遍天下》引导少年儿童理解友谊真谛、珍惜师生情谊、感恩父母亲情，获得良好的同伴交往、师生交往、亲子交往体验；《七彩心情　快乐由我》引导少年儿童了解情绪变化的秘密，学会强化积极情绪，弱化、调节消极情绪，从而成为自身情绪变化的主宰者；《画好属于你的那道彩虹》引导少年儿童认识生命的美好，学会设计生涯规划，用聪明才智画好属于自己的那道人生彩虹，从而成就自己、温暖别人、服务社会。

本丛书的主编郭喜青和程忠智是全国著名的心理健康教育专家，他们在中小学心理健康教育领域有很多研究成果，成就卓然；丛书的编写者均是具有较深厚专业功底的中小学心理健康教育研究者和实践者，他们熟知少年儿童身心健康发展的特点、规律和成长需求，具有协助中小学生解决各种心理问题的知识和经验，能准确把握问题的关键点，解答简洁、清晰、专业，启发性强。因此，本丛书基于实践，又服务实践、引导实践，既适合少年儿童阅读，也适合广大中小学教师和家长阅读。特别要说明的是，本丛书是为数不多的适合中小学生自主阅读、学习、体验、省思的心理健康教育辅导读物，有利于中小学生通过自我心理健康教育体验，形成符合现代社会要求的积极而健全的人格，实现自我健康成长和全面发展。

当然，世界在快速发展变化中，人类的心理问题层出不穷，很难找到一种万全之法去解决各种各样的问题。但只要我们努力，总能取得进步。其实，我国传统文化中就蕴含许多关于生命、关于心理健康的大道智慧，如《黄帝内经》中"人以天地之气生，四时之法成""生之本，本于阴阳""阴平阳秘，精神乃治；阴阳离决，精气乃绝"的天人合一、阴阳和气思想，《大学》中"物格而后知至，知至而后意诚，意诚而后心正，心正而后身修，身修而后家齐，家齐而后国治，国治而后天下平"的格物致知、修德立身思想，《论语》中"君子成人之美，不成人之恶""入则孝，出则悌，谨而信，泛爱众，而亲仁"的与人为善、仁爱诚信思想，等等，都是心理健康教育思想的精华。我国中小学生的心理健康教育，要从世界科学发展中汲取新成就，更要从中华优秀传统文化中汲取大智慧和正能量。期待郭喜青、程忠智老师主编的"心梦飞扬"丛书，能在丰富、完善和提高中，进一步拓展更多少年儿童健康发展的心路！

谢春风

2018 年 12 月于北京

目录

学习能力 001
把心留下来——注意力 002
练就"火眼金睛"——观察力 019
智慧之母——记忆力 036
发动思维的引擎——思维力 056
插上想象的翅膀——想象力 069

学习策略 081
十万个为什么——学会提问 082
每个人都是天生的学习者——友善用脑 092

迎难而上我不愁——问题解决 107

人生最美的姿态——学会阅读 124

参考文献 140

你了解自己的学习能力吗？学习能力是指在很多种基本活动中表现出来的能力，如观察力、记忆力、思维力、注意力、理解力等。学习能力的提高可以帮助我们改掉上课走神、考试粗心、写作业拖拉等不良学习习惯。

学习能力

把心留下来——注意力

保持良好的注意力，是大脑进行感知、记忆、思维等认识活动的基本条件。在我们的学习过程中，注意力是打开心灵的门户，而且是唯一的门户。门开得越大，我们学到的东西就越多。一旦注意力涣散了或无法集中，心灵的门户就关闭了，一切有用的知识信息都无法进入。

心不在马

赵襄王向王子期学习驾车技巧，刚刚入门不久，他就要与王子期比赛，看谁的马车跑得快。可是，他一连换了三次马，比赛三场，每场都远远地落在王子期的后面。

赵襄王很不高兴，于是他叫来王子期，责问道："你既然教我驾车，为什么不将真本领完全教给我呢？你难道还想留一手吗？"

王子期回答说:"驾车的方法、技巧,我已经全部教给大王了,只是您在运用的时候忘却了要领。一般说来,驾车人的注意力要集中在马的身上,沉住气,驾好车,让人与马的动作配合协调,这样才可以使马车跑得快、跑得远。可是与我比赛的时候,只要是稍有落后,您的心里就着急,使劲鞭打马,拼命想要超过我,而一旦跑到了我的前面,又时常回头观望,生怕我再赶上您。总之,您总是跑到我的前面才放心,注意力不能集中,这样又怎么可能与马配合好并驾好车呢?这就是您三次比赛都落后的根本原因啊。"

赵襄王比赛时心不在"马",终致失败的教训说明:我们无论做什么事,都要专心致志,集中注意力,掌握要领,才能将每一件事情做好。

同学们,既然注意力这么重要,我们就要先弄清什么是注意力。我们在上课时,专心听老师讲课,仔细观看视频,认真记笔记,聚精会神地思考老师提出的问题……"专心""仔细""认真""聚精会神"等词语,都是对"注意"的描述。"注意"就是把心思、思想放到某一方面,是心理活动对一定对象的指向和集中,而"注意力"就是心理活动指向和集中于某种事物的能力。

注意的种类及其关系

1. 无意注意

无意注意是指事先没有预定的目的,也不需要做意志努力的注意,也就是不由自主的注意。例如,上课时某同学突然打了个喷嚏,大家会不由自主地转过头去注意声音是从哪里发出来的,这就是无意注意。

巨大的声响、强烈的光线、浓郁的气味都会使人产生无意注意;黑白对比、小个子和大个子一起走路也会引起人们的无意注意;新奇独特的广告形式比千篇一律的宣传语更能引起人们的无意注意。

人本身的特点，如兴趣、情绪和健康状况等也会引起无意注意。一个体育爱好者，尽管可能是在心不在焉地浏览报纸，也会对有关体育消息的文章比较关注。一个人在心情愉快、春风得意时很容易注意平时忽略的事物；当心情不好时，往往就会"视而不见"；如果身体不舒服，注意力就更不能很好地集中起来了。

2. 有意注意

有意注意是指有预定目的，必要时需要做出一定意志努力的注意。例如，老师要求同学们注意听讲、仔细审题等都是有意注意。

3. 有意注意和无意注意之间的关系

在实际生活中有意注意和无意注意往往不能截然分开，很多事情都需要这两种注意的共同参与。单凭无意注意去做事情，不能维持长久，总会遇到困难和干扰，也不是所有的事情都能引起人们的兴趣，总会有让人感到单调乏味的时候，所以必须有有意注意的参与。但是如果单凭有意注意去做事情，时间久了就会疲劳，所以也必须有无意注意的参与。它们在活动中是交替出现、相互转化地起作用的。

注意品质和注意力

《孟子·告子》中讲述了一个故事：弈秋是全国最善于下围棋的人。一次，弈秋教导两个人下围棋。其中一人专心致志，只听弈秋的教导；另一个人虽然听着，一心以为有天鹅要来，想拉弓搭箭去把天鹅射下来。这个人虽然和前一个人一起学围棋，但棋艺不如前一个人精湛。这两个人是一个师傅教的，一起学的，然而两人的成绩却相差甚远。这并不是他们的智力有什么区别，而是由于两个人的注意品质和注意力有所差别。

注意品质是指在注意过程中所表现出来的特征，是衡量一个人注意力水平的标志。

1. 注意的广度

注意的广度也称注意的范围，是指在同一时间内能注意的对象的数量。注意的范围不是固定不变的，它受到两方面因素的影响：

（1）注意对象的特点。注意对象不同，注意的范围会有很大不同。被注意的对象越集中，排列得越有规律，越能成为相互联系的整体，注意的范围就越大。

例如：颜色相同的字母比颜色不同的字母的注意范围要大些；排列整齐的字母比杂乱无章的字母的注意数量要多些；大小相同的字母比大小不同的字母的注意数量要多得多；组成单词的字母比孤立的字母注意的范围要大得多。

（2）活动任务和知识经验也会影响注意范围。例如，在很短的时间内呈现一个中文句子，中国人的注意范围就比不懂中文的外国人大很多。

注意广度的扩大，不仅可以提高我们的阅读速度，增加我们的阅读量，还能开阔我们的视野。

2. 注意的稳定性

注意的稳定性是指注意保持在感受或从事的某种活动上的时间的长短。与此相反的是注意的分散，即注意离开当前应当完成的活动任务而被无关的事物所吸引。

注意的稳定性是可以通过有目的的活动和意志努力来提高的。

造成我们注意分散的原因可能是受到无关刺激的干扰，或者是活动太单调，也可能是与我们自己的状态有关，疲劳、困倦、身体不适等都能引起分心。另外，学习目标不明确、动机强度过强或过弱、情绪波动、意志力薄弱也容易分心。

例如，有位同学在上语文课时，前15分钟能够认真听讲，后来在老师分析课文讲到苹果的切法时，想起了昨天晚上吃苹果的情景就分了心。还有一位同学感冒了，在听课的时候打瞌睡、全身无力，注意力怎么也集中不起来。

3. 注意的分配

注意的分配是指一个人将自己的注意力同时保持在不同的对象或活动

上。经过训练的学生，一般能够做到一边听讲，一边记笔记。

注意的分配是有条件的：在同时进行的各种活动中，必须有一种是非常熟练的。例如，刚刚学骑自行车的人，他的注意力会完全集中在自行车上，而顾不到其他的事情。如果骑自行车的技术熟练了，就可以在车上环顾左右或与其他人交流，分配一部分注意到骑自行车以外的事情上去。

4. 注意的转移

注意的转移是指一个人根据新的任务主动把注意从一个对象转移到另一个对象上。注意的转移速度主要取决于原来注意的集中程度和新的注意对象的特点。原来的注意力越不集中，新的注意对象越符合人的需要和兴趣，注意的转移就越迅速。

大家都听过望梅止渴的故事吧。

有一年夏天，曹操率领部队去讨伐张绣，天气热得出奇，骄阳似火，天上一丝云彩也没有，部队在弯弯曲曲的山道上行走，两边密密的树木和被阳光晒得滚烫的山石，让人透不过气来。到了中午时分，士兵的衣服都湿透了，行军的速度也慢了下来，有几个体弱的士兵竟晕倒在路边。曹操看行军的速度越来越慢，担心贻误战机，心里很着急。可是，眼下几万人马连水都喝不上，又怎么能加快速度呢？他立刻叫来向导，悄悄问他："这附近可有水源？"向导摇摇头说："泉水在山谷的那一边，要绕道过去还有很远的路程。"曹操想了一下说："不行，时间来不及了。"他看了看前边的树林，沉思了一会儿，对向导说："你什么也别说，我来想办法。"他知道此刻即使下命令要求部队加快速度也无济于事。脑筋一转，办法来了，他一夹马肚子，快速赶到队伍前面，用马鞭指着前方说："士兵们，我知道前面有一大片梅林，那里的梅子又大又好吃，我们快点赶路，绕过这个山丘就到梅林了！"士兵们一听，仿佛已经吃到嘴里，精神大振，步伐不由得加快了许多。

曹操成功地让战士的注意力转移到梅子上了。

提高注意力的方法

注意的品质通过学习、劳动和生活实践逐渐固定下来，在不同的人身上形成了各具特点的注意能力，即注意力。

注意力同其他能力一样，主要是后天形成的，并且通过培养、锻炼可以不断提高。要拥有好的注意力，就要做到以下几点：

1. 明确任务，主动培养

注意力是各种注意品质的综合，人与人之间注意力的差异常常表现在某种注意品质的差异上，不同的人在注意的品质上各有优点。有的人注意的范围大，有的人注意的范围小；有的人注意比较稳定，有的人注意容易分散；有的人可能长于注意分配，有的人可能注意分配困难；有的人可能注意高度集中，有的人则注意紧张性弱；有的人可能注意转移快，有的人则注意转移慢。

同学们要想提高自己的注意力，就要对自己的各种注意品质进行分析，找准自己最欠缺的或者是最薄弱的注意品质，然后有针对性地加以培养和锻炼。

2. 保持浓厚兴趣

有人说，注意力与兴趣是孪生姐妹，两者之间的关系非常密切。兴趣是推动一个人去认识某种事物或从事某种活动的内部动力。在活动过程中，人的注意力会得到锻炼和提高。

3. 增强意志力

坚强的意志对提高注意力有重要作用。在学习过程中，我们常常会碰到一些自己感觉枯燥乏味的东西，这时要用坚强的意志促使自己去注意。一般来说，意志坚强的人，注意力也集中。意志是注意力得到提高的保证，甚至可以说，没有意志，就没有注意力的稳定和高度集中。

练习与拓展

一、做一做

1. 运用注意规律进行注意力自我训练。下面所列的数字为 10~59，你找到连续的 3 个数字（如 10、11、12 或 37、38、39 等）需要多少秒？

34	19	42	54	45
26	16	39	28	57
40	35	14	56	30
12	29	44	51	23
50	43	36	24	11
37	20	55	32	47
25	41	17	53	38
52	18	21	31	46
13	22	48	10	58
15	27	59	49	33

如果你能在 15 秒内找到 3 个连续的数字，说明你的注意力处于上等水平；如果你能在 30 秒内找到 3 个连续的数字，说明你的注意力处于中等水平；如果你需要 90 秒才能找到 3 个连续的数字，说明你漫不经心，注意力需要好好训练了。

2. 请同学们一起来做个"抓手指"的小游戏，规则如下：

（1）请大家围成一个圆圈。

（2）每个人左手伸出食指，右手手掌放在右边同学的左手食指上。

（3）其中一人来讲述《乌龟和乌鸦》的故事，当同学们听到"乌龟"这个词的时候，用自己的右手去抓右边同伴的左手食指，同时迅速收回自己的左手食指以防被抓住。

（4）最后，看看自己抓到几次和被抓几次。抓到越多，被抓越少，说明注意力越集中。

乌龟和乌鸦

森林里的池塘边住着一只小乌龟，它有一双乌溜溜的大眼睛。有一天，乌龟在外面玩，突然看见一只乌黑羽毛的乌鸦在天上飞，边飞边喊："兄弟，快跑，巫婆来了。"乌龟连忙把头缩进壳里，乌鸦则躲进了池塘边的茅草屋下。过了一会儿，乌龟见周围没有什么动静，探出头来一看，才发现刚才乌鸦看到的根本不是什么巫婆，而是乌云。这时，天空乌云密布，眼看就要下大雨了。好心的乌龟把乌鸦请到屋里避雨，可是乌鸦看到乌龟家满地污泥，乌漆墨黑，就喋喋不休地数落乌龟。乌龟听了很生气，说乌鸦无理取闹。而乌鸦认为乌龟不听劝说，便擅自去收拾乌龟的家，把乌龟家折腾得乌烟瘴气，乌龟不得不把乌鸦赶出屋外。乌鸦委屈得呜呜大哭。

二、练一练

1. 注意的广度训练。

（1）数字题：请看给出的六组数字，要求每次看一组，注意看并在心中默念，1分钟后将数字盖住，重复刚才看到的数字。

第一组：5938

第二组：27603

第三组：9480728

第四组：185972648

第五组：3924718605

第六组：8269104560384

通过刚才六组数字的训练，你会发现当数字较少时，轻轻松松就能记住，当数字多于9个时，就不那么容易记住了。你在一定时间里注意到的数字的个数，就是注意的广度。研究表明，一般情况下，在短时记忆时人的注意广度是7±2个单位，也就是5～9个对象，所以在记数字的环节记住5～9个数字是正常的。记住数字少的同学也不要着急，注意的广度是随着学习经验的丰富而扩大的，只要我们勤加练习，就可以扩大我们注意的广度。

（2）文字题：请与你的同学或父母一起来做。一个人读下面这几组信息，另一个人听后回答问题。

第一组：苹果 雪梨 香蕉 西瓜 凤梨 柿子 草莓

问：凤梨排在第几位？

第二组：月亮 地球 太阳 水星 金星 火星

问：排在第3位的是什么词？

第三组：王晓东 李治 彭清清 钟明华 林丽丽 萧春玲 李逍遥

问：几个名字中有重叠的字？

（3）下面有一组图片，请你看完后说说都看到了什么。你可以根据自己的能力试着扩大范围哦！

2. 注意的稳定性训练。

（1）倒数数。两人一组，从201开始分别做递减3的数数。一个同学数，另一个监督。示例：201，198，195，192…　注意：如果数错了，必须从头开始数。

请从100递减1，数到50；请从100递减3，数到70。

100　99　98　97　96　95　…

100　97　94　91　88　85　…

根据这样的规律，你可以给自己出很多练习题哦！

分享

训练一段时间后，你的准确性有变化吗？

（2）画字训练。下面是一张数字表，表中的许多数字都是无规则排列的，你能按下面的要求练练你的注意力吗？

①用"/"画去表中的"6"字，共画去（　　）个数字。

②用"○"将表中位于"4"左边的偶数圈出来，共圈出（　　）个数字。

6542232478906589435446 52

4454123488909058345258 95

4763478317951919183136 75

0945431602787865589542 78

7453745145704793481053 35

0321679264904745897828 93

1235865912342639453219 85

6643983621799999452734 56

3. 注意的分配训练。

生活中我们不仅要提高注意的稳定性，还要学会合理分配我们的注意力。"一心二用"现象就是注意的分配。

（1）请你准备一张白纸和两支笔，然后按下面的要求做。

第一次：先一只手画方，然后另一只手画圆。

第二次：一只手画方，同时另一只手画圆。

分享

两次画图的感受如何？

（2）与你的朋友一起完成下面的题目。当你做运算题的时候，请你的朋友来讲故事；当你的朋友做运算题的时候，你来讲故事。看一看，你们的正确率如何呢？你们听故事的效果又如何呢？

①四则运算题目：

12+23+34+45= 　　　　25×7+40÷8=

(12+25-7)×3= 　　　　7+17+27+37=

②故事内容：

王明和李刚是一对好朋友。一个星期六的上午，王明约了李刚逛商场，可是王明在商场门口等了半个小时，始终不见李刚的身影。于是，王明就独自来到商场的服装专卖店，只买了一条牛仔裤。李刚在商场的电梯旁等了王明很久，没有看见王明的影子。打了几次王明的手机，王明都没有回音。李刚回家时很不高兴地想："还是好朋友呢，怎么能轻易失约？下次见面时我一定要痛宰他一顿。"

针对故事回答，下列各项是不是你刚才听到的事实？

A. 王明约李刚在商场电梯口见。

B. 李刚的失约令王明十分生气。

C. 王明只买了一条牛仔裤。

D. 最后，王明请李刚吃了一顿。

分享

这个活动会对你有什么启发？

4. 注意的转移训练。

（1）舒尔特方格训练：舒尔特方格由 1cm×1cm 的 25 个方格组成，格子内任意排列 1～25 共 25 个数字。请你以最快的速度从表格中找出 1～25，要点读出数字并计时。数完 25 个数字所用时间越短，则注意力水平越高。请同学们自制舒尔特方格，与父母或同学一起练习。其中一人提示 16 秒、26 秒、36 秒。

25	8	14	10	19
7	24	17	11	13
23	16	1	9	21
15	18	2	4	20
22	12	3	6	5

舒尔特方格训练说明：12～14 岁年龄组，16 秒以内完成，注意力水平优秀；26 秒完成，注意力水平一般；如果用时超过 36 秒，就要加强练习了。当我们的注意力水平达到优秀后，还可以把舒尔特方格扩展到 36 格，36 个数字的训练。舒尔特方格训练不仅可以训练我们注意的转移能力，还可以训练我们注意的广度和注意的稳定性。

（2）魔术加法训练：

①写两个数，一个在上，一个在下。例如 4 和 2，然后把它们加起来。把相加得数的个位数写在上面数字的右边，而把上面那个数移到下面，连续这样做：

4 6 0 6 6 2 8 0

2 4 6 0 6 6 2 8

②起始的两个数与上题相同，然后把两个数的和的个位数写在下面数字的右边，把下面那个数移到上面，连续这样做：

4 2 6 8 4 2 6 8

2 6 8 4 2 6 8 4

③同学们先进行第一个训练 30 秒，再做第二个训练 30 秒，接着再做第一个训练 30 秒……如此循环往复，确认了解规则后，开始正式训练。

三、测一测

下面的数字每一项中都有一些两两相邻、其和等于 10 的成对的数，集中注意力找出这些数，并在每对数字的下面画上线。本题是测速度的，要尽快做完，不要超时，否则得不到准确成绩。

时间：7 分钟

例如：2 9 4 6 1 9 3 5 5

A.2 4 6 8 2 4 6 8 3 6 9 1 1 8 1 9 4 4 5 5 5 6 6 6 7 7 7 7 3 8

B.1 9 8 7 3 8 2 6 4 5 5 9 1 0 8 8 4 2 3 4 5 6 8 3 4 5 6 7 9 4 9 6

C.9 8 7 9 8 7 8 7 6 8 2 6 7 6 5 7 0 1 9 8 6 8 4 7 4 3 2 8 9 6 1 0

D.3 2 1 3 2 1 1 2 3 1 2 3 5 4 3 7 8 2 3 9 2 3 7 2 3 6 3 2 4 3 7 6

E.7 6 5 5 4 7 4 4 4 6 6 6 8 8 8 3 1 3 4 5 1 7 8 9 1 3 1 4 1 5 6 1

F.6 4 3 2 8 9 7 6 3 7 5 2 0 9 3 8 2 4 5 7 8 6 4 0 1 8 2 5 8 6 4 0

G.2 0 5 6 3 7 7 0 8 9 5 7 4 5 5 0 5 5 3 3 5 5 4 4 6 5 5 0 5 7 4 4

H.8 3 6 5 9 1 7 2 3 7 5 9 4 3 7 6 7 7 6 6 5 5 4 4 3 3 2 2 1 1 9 9

I.9 1 8 2 7 3 6 4 5 5 8 1 8 3 7 2 9 1 0 8 2 0 7 4 5 6 7 8 9 2 3 4

J.2 7 3 4 8 5 5 6 4 7 2 3 7 8 0 2 6 7 7 5 6 7 5 6 7 5 6 4 5 7 6 6

K.6 3 8 6 0 9 1 8 7 6 4 3 8 2 9 2 8 7 6 5 4 6 5 4 3 5 4 3 2 3 2 1

L.9 7 5 4 3 3 5 4 6 8 2 2 5 4 6 6 8 5 7 4 6 3 5 2 9 6 6 4 5 3 2 4

M.4 0 4 3 9 3 4 7 3 6 8 2 4 7 4 6 3 6 4 7 5 8 6 9 7 2 8 3 7 2 8 3

N. 9 0 1 6 1 9 8 4 6 3 2 8 7 6 4 2 8 4 8 7 6 5 9 0 7 1 1 5 1 6 8 2
O. 8 3 6 5 4 2 8 9 6 6 1 0 3 6 8 2 6 7 5 4 6 9 8 4 5 7 3 4 2 8 9 1
P. 4 8 6 5 4 8 7 6 9 8 3 4 7 3 8 9 6 4 7 4 6 7 6 4 7 6 4 7 3 4 6 8
Q. 8 9 5 7 3 8 6 9 0 1 0 2 8 5 3 7 8 2 3 2 8 1 8 1 7 1 6 1 5 6 4 8
R. 6 4 2 8 6 4 9 7 6 2 8 0 1 8 3 6 5 2 8 3 6 6 7 7 8 8 9 9 1 1 2 2
S. 4 8 2 9 5 1 6 3 8 3 7 8 4 6 7 5 2 2 6 6 3 3 7 7 4 4 8 8 5 5 9 9
T. 6 2 4 8 2 7 4 6 3 8 9 6 1 9 8 4 8 3 2 8 4 5 5 9 1 8 2 6 4 3 7 9
U. 2 9 1 4 8 7 5 6 3 9 4 6 7 8 8 3 1 2 3 4 5 6 7 8 9 8 7 6 5 4 3 7
V. 9 8 7 6 5 4 3 2 1 9 8 7 6 5 4 3 1 4 2 1 5 2 1 6 2 1 7 2 8 1 9 2
W. 1 2 3 4 5 6 7 8 9 1 2 3 4 5 6 7 1 5 2 1 6 3 1 7 4 6 1 3 5 1 2 4
X. 3 3 4 6 7 3 8 2 9 1 4 5 6 7 3 4 9 1 2 9 1 2 3 1 9 8 7 6 5 1 9 0
Y. 5 3 9 8 2 7 7 4 6 7 5 3 7 0 9 8 8 0 2 8 3 8 2 0 8 2 4 6 5 9 3 4
Z. 5 3 9 6 4 7 7 8 1 7 5 5 5 0 9 8 8 0 2 4 3 8 1 0 8 3 4 6 5 9 3 4

评分规则：

本题共有 143 对和为 10 的邻数。每答漏（答错）一对数字记 1 分。各题得分相加，统计总分。

0～26 分：集中注意力的能力非常强，在学习中一定以效率高著称。

27～37 分：善于集中注意力。如果能有意识地经常进行一些这方面的训练，会达到优秀水平的。

38～48 分：刚刚踏在及格线上，面临两种选择。一是向前走，努力改善自己的注意力；一是向后退，丝毫不为目前的状况担忧，这样下去，你的注意力将会变得越来越差，成为制约学习和工作的严重障碍。

49～143 分：注意力不集中，作业和学习比较拖拉，对周围事物视而不见，常常开小差。

你的注意力怎么样？哪些方面好，哪些方面需要改进和完善呢？请你拟定一个提升自己注意力的计划并从今天开始执行，等一个月以后再自测一下，看看自己的进步吧。

我的注意力提升计划				
	得分	训练计划	再测一次得分	
注意品质	评估（1～5分）		执行效果	再评估（1～5分）
注意的广度				
注意的稳定性				
注意的分配				
注意的转移				

练就"火眼金睛"——观察力

《最强大脑》曾经播出一个节目,是51岁的追梦人李勇表演的"微观辨蛋",从外形非常接近的300个鸡蛋中,挑出观察员所选的那一个。粗略地看,300个鸡蛋似乎都差不多,很难看出它们之间的差别。然而,正如每个人的指纹都是独一无二的那样,每个鸡蛋也是独一无二的,总会有跟其他鸡蛋不一样的地方,关键是怎样把这些独特的地方仔细地找出来。李勇在这个节目中表现出了非常强大的观察力。

研究表明,人类获得的信息绝大部分来自视觉。观察是人类通往知识殿堂的重要途径。具备良好的观察品质,在生活、学习中至关重要,提高观察能力将终身受益。

提起大侦探家福尔摩斯,你一定不陌生,他那惊人的观察力真是令人叹服。

福尔摩斯的观察力

福尔摩斯的助手华生医生自从结婚以来，有较长一段时间没有和福尔摩斯来往了。有一天，他俩意外相逢。福尔摩斯说："根据我观察，你又开业给人看病了。可是，你过去没告诉过我，你打算行医……""这，你是怎么知道的呢？""这是我看出来的，也是我推断出来的。否则，我怎么知道你最近被雨淋过，而且有一位笨手笨脚、粗心大意的女佣人呢？""我亲爱的福尔摩斯，"华生医生说，"你简直是太厉害了……的确，星期四我步行去乡下一趟，回家时被雨水淋得一塌糊涂。但是，我已经换了衣服，真想象不出你是怎么看出来的。"

"这很简单。我的眼睛告诉我，在你左脚那只鞋的里侧，也就是炉火

刚好烤过的地方，皮面上有六道几乎平行的划痕。很明显，这些划痕是由于有人为了去掉沾在脚跟上的泥疙瘩，粗心大意地顺着鞋跟刮泥时留下来的。因此，我就得出这个双重结论，认为你曾在恶劣的雨天里走过，而且判断出你皮鞋上出现的特别难看的划痕，是年轻且没有经验的女佣人干的。至于你开业行医嘛，那是因为如果一位先生走进我的屋子，身上带着碘酒的气味，右手食指上有硝酸银的黑色斑点，大礼帽右侧鼓起了一块，这就表明他曾经藏过听诊器。我要不说他是一位医药界的积极分子，那我就真够愚蠢的了。"福尔摩斯的一席话，说得华生医生频频点头："你简直太厉害了！"

由观察到鞋的里侧六道几乎平行的划痕，推断出是粗心大意的女佣人干的；由看到鞋的划痕及大礼帽右侧鼓起了一块，推断出华生医生雨天给人看过病。福尔摩斯的观察力一定也让你非常钦佩吧。他正是凭借着如此惊人的观察力，在侦破案件的时候事半功倍。

观察力的重要性

善于观察的人，就是像福尔摩斯这样，能从极其平常的事物中找出相关的联系，从而获得某种启发。当然，这首先要养成观察的习惯，时时、处处留心观察。古今中外很多科学家都十分重视观察。正因为善于观察，他们才能够从细小的事物中发现科学规律。

意大利科学家伽利略就是从观察教堂吊灯的摇曳开始，经过实验研究，发现了摆的等时性原理。

伟大的物理学家牛顿从孩提时代起就喜欢对各种事物进行仔细观察，而且力图透过现象看本质，把不懂的地方彻底弄明白。狂风刮起时，人们都躲进屋里，牛顿却顶着沙石冲出门外，一会儿顺风前进，一会儿逆风行走，实地观察和感受顺风与逆风的速度差。

英国发明家瓦特从对烧开的水顶动壶盖的观察中琢磨出了蒸汽机的基本原理。

我国明代名医李时珍自幼就爱观察各种花卉、药草的生长过程，细致地察看它们如何抽条、长叶、开花。花草的每一处细微变化都逃不过他的眼睛。正是这种细致严谨的作风，使他得以纠正古代药草书中的很多错误，写出了流传百世的《本草纲目》。

我国春秋时期的鲁班，干活时不小心被茅草的叶子划破了手，通过认真观察，他发现茅草叶子边缘生满了小齿，从而受到启发，发明了锯。

达尔文从小就热爱大自然，尤其喜欢观察、采集矿物和动植物标本。他热衷于观察动植物，坚持二十年记观察日记，写出了《物种起源》。他曾说："我既没有突出的理解力，也没有过人的机智。只是在觉察那些稍纵即逝的事物并对其进行精细观察的能力上，我可能在众人之上。"

俄国生理学家巴甫洛夫的实验室大楼正面上，用大字书写着他题的警句:"观察,观察,再观察。"他还说:"应当学会观察,不学会观察,你就永远当不了科学家。"

观察在人类活动的各个领域都具有非常重要的意义。只有通过对事物进行系统、周密、精确的观察,获得有意义的材料,才能探索出事物的规律。

如何培养观察力

1. 要明确观察的目的和任务

观察是一种有目的、有计划、比较持久的知觉活动。明确目的和任务是进行观察的前提,任务越具体,收获就会越大。没有目的地随意观察,就难以在脑海中留下确切、鲜明的印象。因此,观察前一定要明确观察的目的,确定观察的对象,只有这样,才可能对客观事物有比较透彻的了解。

2. 制订切实可行的观察计划

有了周密可行的观察计划,才能保证观察有系统、有步骤地进行。在进行观察前就要计划好先观察什么,后观察什么,按部就班,系统进行。长期、复杂的观察,最好做出书面计划;短期、简单的观察,在头脑里有个设想就行了。一般说来,观察计划主要包括以下内容:一是明确观察的对象、任务和要求,二是明确观察的目的,三是确定观察的方法与步骤,四是明确观察的重点和难点。

3. 做好有关观察的知识准备

"谁知道得多,谁就看到得多。"一个知识贫乏、经验不足的人,对相应事物不可能进行全面、深刻的观察。知识经验和良好的观察力是相互影响的。

良好的观察力是我们获得丰富知识经验的前提条件，丰富的知识经验又是我们提高观察力的重要因素。因此在观察过程中，我们必须充分利用自己已有的知识经验，这不仅有利于观察的顺利进行，也有利于观察力的不断提高。

例如，同学们可能有这样的经验：在一个陌生的地方看到了一个新事物，给自己留下了相当深刻的印象，可是等我们拿起笔试图把它写下来的时候，却觉得写不出什么具体的内容，记忆只停留在看到的一些表面现象上。这是由于我们对观察到的事物缺乏了解的缘故。观察，一般看到的是事物的表面现象，通过观察得到的是感性知识，而感性知识是肤浅的、不完整的、不深刻的。如果在观察前对要观察的事物有了一些必要的知识准备，那么观察起来就可以透过现象看到本质，收获更大。例如，我们在去自然博物馆观察恐龙化石之前，如果对什么是化石、化石是怎样形成的等知识有一些了解，再到自然博物馆去观察恐龙化石，就不会有那种茫然无知、走马观花的感觉了，观察得来的材料也一定是丰富、具体的。如果我们经常这样注意观察，作文时就不至于无东西可写了。

4. 掌握基本的观察方法

观察的方法有很多，可以把它们结合起来加以运用，也可以以某一种观察方法为主，其他观察方法为辅。这样有主有次交互使用，更容易收到观察的效果。

（1）**自然观察与实验观察**。自然观察是指对观察的对象不加以人工的"变革"，而只是对它们在自然状态下所呈现的情况进行观察。如在大自然中对那些鲜活的动植物进行观察。实验观察就是人们根据需要，利用专门的

实验观察

仪器对实验对象进行的观察。如在实验的操作过程中实际观察物理现象或化学反应。

(2) 长期观察与短期观察。长期观察是在比较长的时期内对某些事物或现象进行系统的观察，如气象学家几十年如一日坚持观测气候变化。短期观察是在比较短的时期内对某些事物或现象进行观察，如用一周时间观察植物发芽时表现的向光性。

(3) 全面观察与重点观察。全面观察是指对某一事物的所有方面进行观察，从而对事物有一个全面而彻底的了解。要实现全面观察，必须调动眼、耳、鼻、舌等各种感官，从视觉、听觉、嗅觉、味觉等诸方面进行协同观察。重点观察是相对全面观察而言的。它是指只对事物的某一个或某几个方面进行特别深入细致的观察。重点观察要抓关键、抓重点，用注意力紧紧瞄准你要观察的对象。

(4) 直接观察与间接观察。直接观察是观察者亲力亲为进行观察，以取得可靠的第一手资料。间接观察是利用别人观察所得的材料进行分析、研究、归纳和概括，从而得出相应结论的观察方法。

(5) 比较观察与解剖观察。比较观察是把事物加以对照比较，找出相同点和相异点，从而把握事物的本质与规律的观察方法。解剖观察是把被观察对象的各种特性、各个侧面及各个组成部分分解开，仔细地加以观察。通过解剖观察，人们可以加深对事物的了解。

5. 注意把"观察"与"思考"相结合

在观察过程中，只有一边观察一边运用你的思维，才能加深对事物的印象，便于理解和记忆。如果只"观"而不"思"，事物犹如过眼烟云，转瞬即逝，难以在头脑中留下什么印象。

要养成"观"与"思"相结合的良好习惯，就要在观察实践中边观察边思考，遇事自觉地多问几个"为什么"，使自己集中注意力，多思多想。

观察事物需要注重细节，针对某一个对象进行仔细的观察，并准确地感知对象的细微之处，这是观察最基本的要求。

达尔文说："我超过常人的地方在于我能够察觉那些容易被忽视的事物，我还对它们进行精细的观察。"

巴甫洛夫主张观察不但要准确，而且还应达到能透过现象看本质，力图揭示事物奥妙的程度。

准确是观察力的根本，也是观察力表现效果的根源。抓住本质特征，是观察的目的之一。观察时抓住事物的本质，不仅能认识事物的现在，还能预见未来。一个观察力很强的人，经常能够预言事物发展变化的趋势和方向。

6. 注意整理和总结观察的结果，坚持写观察记录和观察日记

有了一定的观察习惯，还要善于对每一次观察进行及时记录、整理和总结。分析研究的过程不仅可以提高我们的观察力，还可以提高我们分析问题和解决问题的能力。

不同的观察需做不同形式的记录。比较严密的观察记录应包括三部分：一是观察前拟订观察计划；二是观察过程中做好即时记录；三是观察后做好回顾性记录，并写出自己的心得体会。

最常见的观察记录是观察日记，即把一天中观察到的主要现象、事件如实地记录下来。这样日积月累，既有利于开阔你的视野，积累知识，又有助于形成良好的观察习惯，提高观察力。

观察是人们认识世界、发现科学奥秘和获得知识的重要途径。只有通过观察，人们才能登堂入室，探索新知。科学研究离不开观察，学习同样也离不开观察。观察可以让我们获得知识和智慧，还能开阔我们的视野。现在同学们赶快来训练自己的观察力吧！

练习与拓展

一、考眼力

1. 找出图中有几处不同。

2. 请找出图中有几张人脸。

3. 请找出图片上有几只动物。　　4. 图片中的柱子是圆的还是方的?

5. 那个红衣女人是真实的还是拼图里的？　6. 你看到了人脸还是瓷瓶？

（提示：1. 至少有9处不同。　2. 至少有10张人脸。　3. 至少有6只动物）

二、练一练

1. 观察的细致性训练：

（1）说出下面各图中少了什么东西，并把缺少的部分画出来。

（2）在两分钟内，我画出了＿＿＿＿＿＿幅图中缺少的部分。其中画对了＿＿＿＿＿＿幅，画错了＿＿＿＿＿＿幅。

2. 观察的概括性训练：观察推理，请根据给出的图案找出下面最后一个图案应该是哪一个。

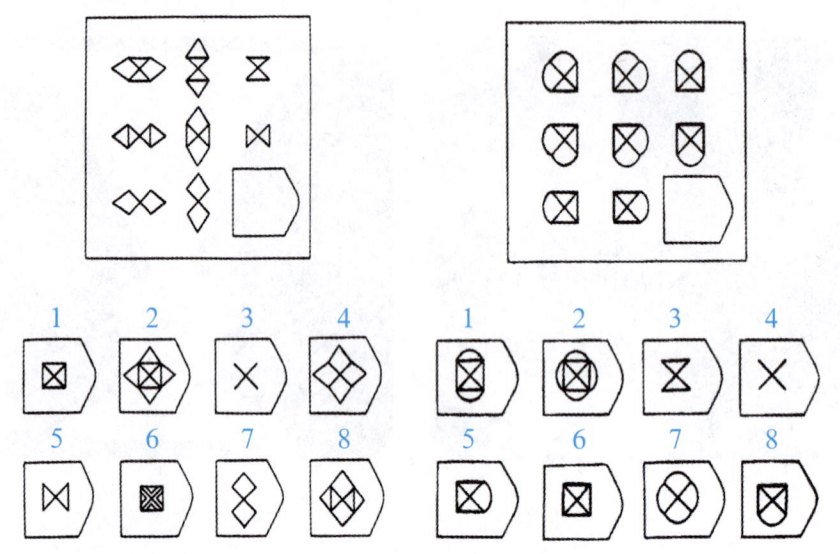

3. 观察的顺序性训练：

（1）请仔细观察下面四幅画，重新排列它们的顺序。

正确的排序是 _____、_____、_____、_____。

重排后，根据图中内容讲一个小故事。

（2）下面数字表中共有67个"8""6""3"。请你快速寻找出来。用时：_____。

数字表

2044328948256701695630413854356730208564
4125637154897974722828563963017544963752
1854989747322684043567138564875318063962
3177548026874231825020854779262085412679
6801357643098752466023153648967893245621

4. 观察的目的性训练：请你仔细观察一种小动物，完成下表中的内容。

动物名称：_____　　观察时间：_____

头	
眼睛	
身体	
嘴巴	
翅膀	
羽毛	
尾巴	
爪子	
叫声	
喝水的动作	
吃食物的动作	
睡觉的姿势	
一天的活动	

5. 观察的精确性训练：请阅读比较下面左右两边用横线连接的文字，找出其中相同的与不同的条数。（40秒内完成）

阿尔及利亚政府——阿尔巴尼亚政府

鲁迅杂文书信编——鲁迅杂文书信续编

宋公明三打祝家庄——宋公明三打著家庄

45766——47566

达累斯萨拉姆城郊——达累斯萨拉姆城郊

中国社会出版社——中国社会出版物

残疾人自行服务社——残疾人自行车服务社

413857——413658

李铁拐斜街食品店——李铁拐斜街副食品店

南京梅园新村——南京梅园新村

鲁迅杂文书信续编——鲁迅杂文书信续编

宋公明三打祝家庄——宋公明三打祝家庄

6. 观察的深刻性训练：小明在观察妈妈下水饺时看到一个有趣的现象：饺子刚下锅时是下沉的，而煮熟以后就会浮起来。小明通过查找资料，终于弄清了其中的原因。原来：饺子刚下锅时，质量大于浮力，所以下沉；煮熟后，饺子里的空气受热膨胀，体积增大，浮力增大，所以上浮。

小明是个善于观察的学生，他的行为体现了观察的深刻性，他不但观察到了饺子下锅时下沉、煮熟后上浮的现象，还问"为什么"。相信你一定也是个善于深刻观察的孩子，你能找出生活中的几种现象，通过观察，说说这些现象是怎么回事吗？

三、做一做

1. 从下列各题中选择最适合你的一项，然后把所对应的分数加起来。

（1）进入某个房间时，你：注意桌椅的摆放→3分；注意用具的准确位置→10分；观察墙上挂着什么→5分。

（2）与人相遇时，你：只看他的脸→5分；悄悄地从头到脚打量他一番→10分；只注意他脸上的个别部位→3分。

（3）你从自己看过的风景中记住了：色调→10分；天空→5分；当时浮现在你心里的感受→3分。

（4）早晨醒来后，你：马上就想起应该做什么→10分；想起梦见了什么→3分；思考昨天都发生了什么事→5分。

（5）坐上公共汽车时，你：谁也不看→3分；看看谁站在旁边→5分；与离你最近的人搭话→10分。

（6）在大街上，你：观察来往的车辆→5分；观察建筑物的正面→3分；观察行人→10分。

（7）当你看橱窗时，你：只关心可能对自己有用的东西→3分；也看看此时不需要的东西→5分；注意观察每一件东西→10分。

（8）如果你在家里需要找什么东西，你：把注意力集中在这个东西可能放的地方→10分；到处寻找→5分；请别人帮忙找→3分。

（9）看到亲戚朋友过去的照片，你：激动→5分；觉得可笑→3分；尽量了解照片上的人都是谁→10分。

（10）假如有人建议你去参加你不会的游戏，你：试图学会玩并且想赢→10分；借口过一段时间再玩而给予拒绝→5分；直言自己不玩→3分。

（11）你在公园里等一个人，于是你：仔细观察站在旁边的人→10分；看报纸→5分；想某事→3分。

（12）在满天繁星的夜晚，你：努力观察星座→10分；只是一味看着天空→5分；什么也不看→3分。

（13）你放下正在读的书时，总是：用铅笔标出读到什么地方→10分；放个书签→5分；相信自己的记忆力→3分。

（14）你记住老师的：姓名→5分；外貌→10分；什么也没记住→3分。

（15）你站在摆好的餐桌前：赞扬它的精美之处→3分；看看人是否都到齐了→10分；看看所有的椅子是否都放在合适的位置上→5分。

● 分数≥100分：你是一个很有观察力的人。对于身边的事物，你会非常细心地留意，同时，你也能分析自己和自己的行为，如此知人入微，你可以逐步做到极其准确地评价别人。只是，很多时候，做人不能太拘泥于细节，你也应该适当豪放一点，往大的方向去看。

● 分数≥75分：你有相当敏锐的观察力。很多时候，你会精确地发现某些细节背后的联系，这一点有助于培养你对事物的判断力，同时也让你的自信心大增。但是，你需要注意的是，很多时候，你对别人的评价会带有偏见。

● 分数≥45分：你能够观察到很多表象，但对别人隐藏在外貌、行为方式背后的东西通常采取不关心的态度。从某种角度而言,你的适当"难得糊涂",充满了大智慧,你很懂得把自己从某些不必要的事情中"拔"出来,享受自己内心的愉悦。

●分数 < 45 分:基本上,可以认为你不喜欢关心周围的人,不管是他们的行为还是他们的内心。你甚至认为连自己都不必过多分析,更何况其他人。因此,你是一个自我中心倾向很严重的人,沉浸于自己的内心世界固然是好,但提防会给你的社交生活造成某些障碍。

2. 制订观察力提升计划:你的观察力怎么样?哪些方面需要完善呢?总结制订训练计划并执行。一个月后再测一测,看看自己的进步吧!

我的观察力提升计划		
测一测得分		再测一测得分
需要在哪方面提升	训练计划	执行效果

智慧之母——记忆力

请你想象一下,开学第一天放学时你能够叫出全班每一个人的名字;考试的时候,你能马上想起相关的学习内容,下笔如飞;演讲的时候,诗词、名言、数据、事件,你能信手拈来。假如这些都成为事实,那是多么令人兴奋啊!其实,实现这些并非难事,只需要你有出色的记忆力。世界著名的记忆大师哈利·罗莱因说:"记忆方法是任何人都完全能够掌握的。记忆力的强弱并非天生的,它是可以随着训练以及掌握好的记忆技巧和方法而提高的。"

什么是记忆力

记忆力是识记、保持、再认识和重视客观事物所反映的内容和经验的能力，是智力的重要组成部分。现代认知心理学认为，记忆是人脑对信息的获得、储存和提取的过程。记忆对人们的生活、工作、学习非常重要。没有记忆的参与，一切活动都将陷入混乱和停滞状态。

1. 大脑边缘系统的海马体是记忆的指挥部

这里的海马与海洋中的动物海马无关，它是位于大脑颞叶内的一个部位的名称，也叫海马区、海马回。有科学家指出："如果将大脑皮层想象为一个巨型图书馆，那么海马体就是其中的图书管理员。"包裹海马体外层的大脑皮层也非常重要，它的体积比海马体大得多，能够执行感知世界、运动四肢等海量工作任务。当我们经历某一特定事件，如去海边旅行时，大脑皮层中的不同区块就会被调动起来，帮助我们处理不同记忆元素，认识朋友、倾听海鸥和感受微风等，于是，众多的经历碎片就会散布于大脑皮层。想要记住这些经历，大脑就需要进行一些索引归档，以便日后将它们检索找回。科学家们认为，大脑的这个索引归档工作是由海马体完成的。

2. 睡眠充足能促进海马区发育

科学发现，睡眠充足的孩子，其大脑的海马区体积较大，大脑发育较好。研究人员在4年时间里对290名5～18岁孩子的睡眠时间和海马区体积进行了研究。结果发现，与只睡6个小时的孩子相比，每天睡10个小时以上的孩子海马区体积更大。所以充足的睡眠时间对青少年来说非常重要。算一算，你每晚的睡眠时间有多少呢？

不同年龄段适宜睡眠时间表

年龄段	适宜睡眠时间
新生儿	20～22 小时
2 个月的婴儿	18～20 小时
1 岁	15 小时
2 岁	14 小时
3～4 岁	13 小时
5～7 岁	12 小时
8～12 岁	10 小时
13～18 岁	9 小时
18～59 岁	7～8 小时
60～70 岁	5.5～7 小时

记忆的四种类型

记忆按不同的标准可划分为不同的类型，按其内容的不同可以分为形象记忆、情绪记忆、抽象记忆、动作记忆四类。

1. 形象记忆

形象记忆即大脑对感知过的客观事物形象的记忆。当我们感知过某个事物之后，它的形状、大小、颜色、声音、气味、软硬等具体形象会留在我们的头脑中。例如，我们提到苹果，对它的形象记忆不

仅有来自视觉的形状、颜色等，也包括味觉、嗅觉、触觉等。形象记忆具有显著的直观性和鲜明性特征。人的记忆都是从形象记忆开始的，形象记忆是从感知到思维必不可少的中间环节。

2. 情绪记忆

情绪记忆是对自己体验过的情绪和情感的记忆。比如，在过去特定情境下体验过的情绪，在一定条件下又会重新体验到，说明了情绪记忆的存在。人们甚至会把引起情绪的事物全部忘却，而只把某一情境和某种情绪联系起来。当这一情境或类似情境出现，就会引起"说不出原因"的情绪体验，如怕黑的紧张、恐惧情绪体验。情绪记忆可能是积极、愉快的体验，也可能是消极、不愉快的体验。强烈的、对我们有重大意义的情绪记忆保持的时间会较长，而且容易被再次体验。

3. 抽象记忆

抽象记忆是以文字、概念、逻辑关系为主要对象的抽象化的记忆类型，帮助我们了解事物的意义，获得对客观事物本质和规律性的认识，具有概括性、理解性和逻辑性等特点。例如，"生命""理想""法规"等词语，学科的概念、公式，定律，判断和推理等。在学习活动中，抽象记忆起着主导作用，它是我们获得系统的科学知识体系、主动并有意识地解决现实问题的主要手段。离开抽象记忆，我们就不能掌握各门科学知识，领略大自然和社会的奥妙。

4. 动作记忆

动作记忆是对身体的运动状态和动作机能的记忆。一个人从小学会游泳，长大后多年不游，也能较快地恢复，这是过去习得的运动技能得以保持的结果。动作一旦掌握并达到一定的熟练程度，会保持相当长的时间，这是动作记忆显著的特征之一。

提高记忆能力的方法

1. 多种感官共同参与

《学记》中有这样一句话："学无当于五官，五官不得不治。"意思是说，学习和记忆如果不能动员五官参与活动，那就学不好，也记不住。宋代学者朱熹说读书要"三到"，即心到、眼到、口到。记忆的通道有视觉、听觉、动觉、触觉等。有多种感知觉参与的记忆叫作"多通道记忆"。这种记忆方法效果比单通道记忆强得多。

心理学家让三组学生用三种不同方式记忆10张图片，结果显示，各种感官参与的记忆比单一感官参与的记忆效果强得多。心理学家进一步研究发现，多种感官共同参与的记忆效果明显优于单一感官参与的记忆效果，同时多种感官的参与还有利于人心情舒畅，有利于减轻学习压力对人身体的影响。脑科学研究结果也证实：多种感官参与学习活动，可刺激大脑皮层并增强大脑皮层的暂时联系，激发兴趣，加强理解和记忆。

2. 不要怕遗忘，要积极回想

德国心理学家赫尔曼·艾宾浩斯研究发现，遗忘在学习之后立即开始，而且遗忘的进程并不是均匀的。最初遗忘速度很快，以后逐渐缓慢。

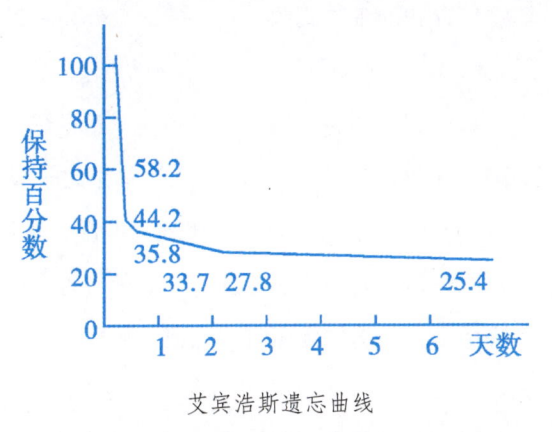

艾宾浩斯遗忘曲线

遗忘并不可怕，它是正常的现象，也是十分必要的，有些不需要的记忆内容会被新的记忆内容代替。只要我们及时复习，就能有效减少遗忘。

复习节点的确定

（根据艾宾浩斯遗忘曲线制定）

1. 第一个记忆周期：5 分钟
2. 第二个记忆周期：30 分钟
3. 第三个记忆周期：12 小时
4. 第四个记忆周期：1 天
5. 第五个记忆周期：2 天
6. 第六个记忆周期：4 天
7. 第七个记忆周期：7 天
8. 第八个记忆周期：15 天

瞬时记忆、短时记忆与长时记忆

认知心理学按照信息保存时间的长短以及信息的编码、储存和加工方式的不同，把记忆分为瞬时记忆、短时记忆和长时记忆。

瞬时记忆也称"感觉记忆"或"感觉登记"，是记忆的最初阶段。其特点是：（1）信息在此阶段以感觉的形式被保持，基本上是外界刺激的复制品；（2）信息停留的时间短暂，大约只能保存1~2秒，时间稍微延长，就会变弱消失。瞬时记忆有图像记忆和声像记忆两种主要形式。

短时记忆是保持时间约为1分钟的记忆，其容量约为7±2个项目。短时记忆在当时的认知活动中起重要作用。存储在短时记忆中的信息，通过精心复述和编码，可以转入长时记忆。

长时记忆也是记忆的一种类型，保持时间在1分钟以上的记忆，是人的知识仓库，有巨大的容量。信息在长时记忆中的保存时间可以是几分钟、几天、几年、以至终生。长时记忆可分为情景记忆和语义记忆。

外界刺激以极短的时间一次呈现后，一般保持时间5~20秒，在无复述的情况下不超过1分钟。一般说的记忆的广度就是指的短时记忆的容量，因为长时记忆的容量无论就记忆的种类或者数量来说都是无限的。

3.丰富的联想是记忆的翅膀

联想记忆法在我们学习中是经常接触到的记忆方法。哈利·罗莱因曾说:"记忆的基本原则就是把新的信息同已知的事物进行联想。"假如有人问瑞士和法国的国家地图是什么形状,一般人当然说不清楚,可是当问到意大利的国家地图或中国的国家地图是什么形状,很多人就会回答:意大利地图像一只靴子,中国地图像一只公鸡。人们比较熟悉靴子和公鸡的形状,联系起来记忆就不容易遗忘了。

如何进行联想记忆?

(1) **接近联想法**。两种以上的事物,在时间或空间上同时或接近,这样只要想起其中的一种便会接着回忆起另一种,由此再想起其他。将记忆的材料整理出一定顺序就容易多了。

有的同学有时候一下子想不起一个很熟悉的外语单词,明明是经常温习的,连这个单词在教科书上什么位置都能回忆起来,可一下子就想不起来了,那他就可以从这个词前面是什么、后面是什么进行回忆,往往能想起这个单词来。这种联想就是空间上的联想。

还有一种是时间上的联想。比如一个同学在一本辞典上看到对某个词很有意思的说明和解释,告诉了同桌。那个同学也很感兴趣,问他是在哪本辞典上查到的,要去亲自查看一下全文。可惜他已经记不清楚查的是哪本辞典了。怎么办呢?于是这位同学就回忆当时查辞典的情形。首先想起是前天下午查到的,记得当时他还为此高兴了好一会儿。再仔细一想,噢!有了。这个词是在《辞海》中查到的,其他辞典前天上午就都归还图书馆了。这样,通过时间上的联想,就准确地回忆起来了。

(2) **相似联想法**。当一种事物和另一种事物相类似时,往往会从这一事物引起对另一事物的联想。把记忆的材料与自己体验过的事物联系起来，记忆效果会更好。

有一种集中识字的方法，可使我们在较短时间内习得许多字。这种识字法就是运用了相似联想记忆法，把字形、字音相近，能互相引起联想的字编成一组一组的，像把"扬、肠、场、畅、汤"放在一起记，把"情、清、请、晴、睛"放在一起记。每组汉字的右边都是相同的，汉语拼音也有共性，前一组的汉语拼音后面都是"ang"，后一组的汉语拼音后面都是"ing"，这样就可以学得快，记得住。

(3) **对比联想法**。当看到、听到或回忆起某一事物时，往往会想起和它相对的事物。对各种知识进行多种比较，抓住其特性，可以帮助记忆。这就是对比联想法。许多诗歌、对联是按对仗的规律写出来的。例如："金沙水拍云崖暖，大渡桥横铁索寒。""征蓬出汉塞，归雁入胡天。大漠孤烟直，长河落日圆。"相对比之处很多，由前一句可以很自然地想到后一句。儿童的联想十分丰富，对比联想法很符合儿童的记忆特征。

奇特联想让你印象深刻

你知道吗？夸张的情节能对大脑皮层形成更大的冲击波，从而记忆深刻、效果持久。这就好比你在马路上走，千百辆汽车从你身边驶过，你不会在意，但如果有一辆汽车非常与众不同，比如说，是由一只小狗在驾驶，后座上坐满了小猫、小猴、鹦鹉、狗熊，你马上就会对这辆车产生强烈兴趣，自然而然就记忆特别深刻。

奇特联想记忆法就是通过夸张的情节、大胆的想象、离奇的场面来对所记知识进行加工，从而实现深刻、持久记忆。我国文学史中有许多浪漫主义的优秀作品都是奇特联想的典范，比如唐代大诗人李白的作品中就蕴含着许多奇珍异宝。他的《望庐山瀑布》以奇特、夸张的联想给人留下了鲜明深刻的印象。我们在记忆任何知识时都是一样的，记忆过程的大胆新奇至关重要。

4. 巧妙运用图像记忆

回想一下早晨起床后你都做了哪些事情，上学的路上都看见了什么，电影院的宣传栏里都贴着什么广告……我们每天经历的事情，稍加回想就会像图像一样浮现，而看过的一场电影，几天之后你仍能回想起来，这就是图像记忆的优势。

图像记忆的原理很简单，就是把所需要记的文字、数字、英文等抽象的资料，在大脑的想象中把它们变成活动的图像，像看电影一样来记它们，就可以收到过目难忘甚至过目不忘的记忆效果。

例如，要记忆以下 14 个词语，我们来看看如何用图像记忆法来记忆：

> 护士　墙纸　冰淇淋　剪刀　小山　米饭　小猫
> 裙子　指甲　绳子　爪子　镜子　仙人掌　春风

如果不用任何方法，就需要把这些词语反复地读很多遍才能记住，而且记住之后很容易就会忘记。如果用图像记忆方法来记忆，可以这样进行：

首先通过想象，把上面这 14 个词语的图像都想象出来，有了这些图像之后，我们再运用想象力，把它们联结成生动活泼的画面，让我们能够像看电影一样来进行记忆。

例如，我们可以这样想：

一个护士，穿着墙纸做的裙子在照镜子。一只留着长长的指甲的手（爪子）拿着剪刀剪绳子，头上戴着帽子，帽子的形状像冰淇淋，（冰淇淋形状像小山），掉下来一个仙人掌，把玻璃砸碎了，碎了的玻璃变成米饭粒飞出来。跑过来一只小猫，边走边吃。一阵春风把这一切吹成了烟。

对于上面这段文字，我们需要发挥想象力，把这些画面都想象出来，这样，我们的图像记忆就能很好地发挥作用，我们所记住的这些词语，就有可能很长时间都不会忘记。

有趣的西维累尔摆动实验

准备一根25～30厘米长的线，用线拴上一枚大纽扣，做成一个摆。再在一张纸上画一个直径为10厘米的圆；通过圆心在圆内画一个十字。然后按下列步骤开始实验：

第一，平稳地坐在椅子上，两肩放松，胳膊放在桌上，心情平静，呼吸平缓，排除杂念。

第二，用右手食指和拇指轻轻捏住细线，使下面的纽扣悬垂在圆心上方，高度距离纸面3～5厘米。

第三，眼睛紧紧盯住纽扣，头脑中浮现纽扣左右摆动的形象，如果一时想象不出来，可以左右移动自己的视线（不要摇头），并暗示自己："纽扣开始摆动了。"这样在不知不觉中纽扣就真的会摆动起来。这时再进一步暗示自己："纽扣摆动的幅度越来越大了。"

第四，如果你想象纽扣停止摆动的形象，那么纽扣就真的会慢慢停止摆动。

熟练以上步骤后，还可以用想象让纽扣随意做前后摆动、对角线摆动或者绕圆周旋转；也可以把纽扣悬在玻璃杯里，通过浮想使其碰杯子内壁，碰几下后纽扣就完全听从你的指挥了。

为什么会产生这种有趣的现象呢？原来这是大脑中关于手或手指活动的形象记忆在暗暗地起作用。因为任何人的手或手指都有过前后、左右晃动的经历，这就是晃动的形象，不论自己是否意识到，都已经深深地记忆在脑海中了。这种形象记忆还与当时的身体动作（运动记忆）结合在一起。因此，当你回忆和想象时，身体就会自发地重现当时的表现。

适合中小学生的记忆方法

记忆力的培养，最根本的方法就是勤奋学习。学习的知识越多，人的记忆力就越强。孔子早就说过，"多见而多识之"，"多学而多识之"。"识"就是记忆。

● **重复记忆**。重复是一种重要的学习方法。像字词、术语、外语单词、历史年代、事件等相对比较枯燥的知识，都需要循环往复地记忆。

● **早晚记忆**。根据心理学原理，早上起床后和晚上睡觉前是一天中比较好的记忆时段。

● **读写记忆法**。边读边写，多种刺激协同作用也是提高记忆成效的重要方法。这种方法特别适合于记字词、诗词、外文单词等。

● **间隔记忆法**。读一本书，学一篇文章，最好分段交替进行记忆，记忆时间不宜过分集中。

● **概要记忆法**。在一般不可能把所有的内容和细节都记下来的场合，如听故事、报告，看电影、小说，可把其中心、梗概、主题记住，或先记一个粗略的框架，然后再设法回忆补充。

● **选择记忆法**。古人云："少则得，多则惑。"读书学习都要抓住其中的重点、难点和关键。记忆的内容要有所选择，不要"眉毛胡子一把抓"，更不要"捡了芝麻，丢了西瓜"。

● **趣味记忆法**。"兴趣是最好的老师"。如果你对某一学科特别感兴趣，这门课的成绩也往往较好。

● **运用记忆法**。记忆是建立联系，运用是巩固联系的最有效手段。我们一定要把所学到的东西运用到实践中去，在运用中加深理解，巩固记忆。

● **歌诀记忆法**。把记忆的对象编成歌诀，读起来抑扬顿挫，唱起来合辙押韵，比较好记，例如《二十四节气歌》："春雨惊春清谷天，夏满芒夏暑相连。秋处露秋寒霜降，冬雪雪冬小大寒。"

● **笔记记忆法**。读书、学习时记笔记是提高记忆效果的一种好方法。根据学习的目的和记忆要求，记笔记可以分为抄录、摘记、提纲、札记、批注等形式。

● **练习记忆法**。俗话说，眼过百遍不如手过一遍。通过书写练习，如解答数理化习题和实际操作、实验，帮助理解概念、原理、公理等。每次练习的结果都要知道对错，这样有助于提高记忆力。

●**自我测验法**。在学习和记忆过程中，根据学习进度和自己的需要，测验自己的记忆情况。

练习与拓展

一、练一练

1. 谐音记忆法：

（1）七雄：齐、楚、韩、燕、赵、魏、秦。

（记忆提示：七叔含烟找围巾）

（2）五大经济特区是珠海市、汕头市、厦门市、深圳市和海南省。

（记忆提示：诸仙下深海）

（3）春秋时期，先后起来争霸的有齐桓公、宋襄公、晋文公、秦穆公、楚庄王，历史上称为"春秋五霸"。

[记忆提示："近闻（晋文）齐桓采松香（宋襄），锯断秦木（秦穆）留楚桩（楚庄）"]

2. 分类记忆法：用两分钟时间把下面的词语记住。

钢笔　衣架　电视机　牙膏　毛巾　笔

格尺　牙缸　洗衣机　笔记本　空调　圆规

（记忆提示：文具类、卫生用品类、电器类）

3. 联想法及奇特联想法：

（1）长城是我国古代劳动人民用双手修筑成的，请你想象古代人用汽车、起重机、混凝土修筑长城的情景。

（2）雄伟的乐山大佛也是古代艺术家靠手工完成的。你能想象古代人乘着直升机雕塑乐山大佛的情景吗？

（3）请运用奇特联想法记忆下面的国家及其特产。

巴西盛产可可豆；马来西亚盛产橡胶。

（记忆提示：巴西的可可豆堆得像小山一样；马来西亚人盖房子都用橡胶把木头粘起来）

（4）在下面的词语之间建立联想。

下雨—白菜　走廊—邮箱　标尺—汽车

梯子—铅笔　报纸—鲜花　水杯—推土机

（5）请试着让自己由一个词语展开自由联想，比如由"足球"开始：

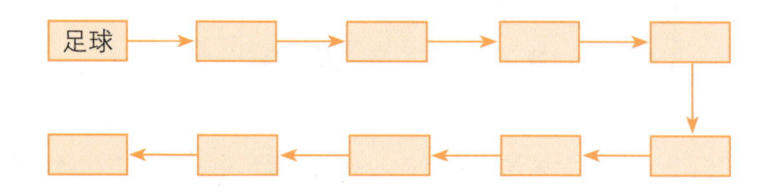

足球 → □ → □ → □ → □
↓
□ ← □ ← □ ← □ ← □

4. 图像记忆法：

（1）请练习记忆下面的图片。

（2）请回忆一个你去过的房间，房间的布局、房间内物品的摆设以及你记住的一切。

（3）请用图像记忆法记忆以下词语。

小狗　衣柜　眼睛　蛇　沙发　哈密瓜
望远镜　麦克风　水杯　牙签　饮水机　风扇

（4）请用图像记忆法记忆毛泽东的词。

水调歌头·游泳

才饮长江水，又食武昌鱼。万里长江横渡，极目楚天舒。不管风吹浪打，胜似闲庭信步，今日得宽馀，子在川上曰："逝者如斯夫。"

二、测一测

对于下列每个问题，请选择第一个出现在你脑海中的答案，在任何一个问题上都不要花太多时间思考。由此可测出你的记忆类型。

1. 你愿意采用哪种方法来了解计算机是如何工作的？

　　a. 看一部这方面的电影　　　　b. 听别人对它的解释

　　c. 把计算机拆开，试着自己发现规律

2. 你喜欢阅读什么样的书？

　　a. 有很多图片的书　　　　　　b. 有很多对话的书

　　c. 有提问也有解答的书

3. 当你不能确定如何去拼写一个单词时，你最有可能做什么？

　　a. 把它写出来，看它是否像是对的　　b. 把它读出来

　　c. 试着多拼写几次，感觉一下对不对

4. 你参加了一个宴会，第二天你最有可能回忆起什么？

　　a. 参加宴会的人的面孔，而不是名字

　　b. 参加宴会的人的名字，而不是面孔

　　c. 在宴会上你所做的事和说的话

5. 为了准备考试，你会如何学习？

　　a. 看笔记，看书的标题，看图示和图解

　　b. 让人问你问题，或者默默地自己复述一些知识

　　c. 在卡片上记录并设计模型和图示

6. 当你看到单词"dog"（狗），你首先做什么？

　　a. 想到一个特定的狗的图片

　　b. 默默说"dog"这个单词

　　c. 出现一个人牵着狗的场景（抚摸它、遛狗等）

7. 当你想集中精力时，你觉得最让人分心的是什么？

　　a. 视觉干扰　　b. 噪声　　c. 其他一些感觉，如饿、鞋子紧或担心等

8. 你喜欢用什么方式解决问题？

　　a. 做一个清单，把每一步组织好，做完后检查

　　b. 打几个电话，跟朋友或专家聊聊

　　c. 设计一个问题的模型，在头脑中把所有的步骤演练一遍

9. 在电影院门口排长队时，你最有可能做什么事？

　　a. 看电影海报宣传　　b. 跟站在身边的人聊天　　c. 来回溜达

10. 你刚进了一家科学博物馆，你首先会做什么？

　　　a. 四下张望，找一个显示展位的引导图

　　　b. 询问博物馆的向导，请教有关展览的事情

　　　c. 直接来到一个看着有趣的展位

11. 当你生气的时候，你最有可能做什么？

　　　a. 沉着脸　　b. 喊叫或大发雷霆　　c. 跺着脚出去并甩门

12. 当你高兴的时候，你最有可能做什么？

　　　a. 露齿而笑　　　b. 高兴地喊叫　　　c. 高兴地跳起来

13. 你愿意参加什么兴趣班？

　　　a. 美术班　　　　　b. 音乐班　　　　　c. 体操班

14. 当你听音乐时你会做什么?

  a. 白日梦(看到伴随音乐的图像) b. 哼唱起来

  c. 随着音乐节拍舞动等

15. 你会怎么来讲一个故事?

  a. 写出来 b. 大声讲出来 c. 把它表演出来

16. 哪种餐馆你可能不愿意去?

  a. 灯光太亮的 b. 音乐声太大的 c. 椅子坐着不舒服的

你选择的a、b、c的总数:a＿＿＿＿ b＿＿＿＿ c＿＿＿＿。

- 如果你的选择大部分是a,你可能是视觉记忆类型。你习惯于通过观察来记忆。

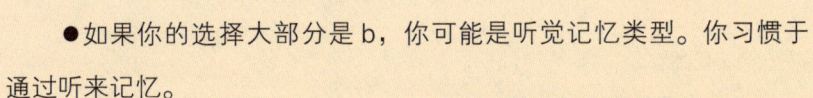

- 如果你的选择大部分是b,你可能是听觉记忆类型。你习惯于通过听来记忆。

- 如果你的选择大部分是c,你可能是动觉记忆类型。你习惯于通过触摸和行动来记忆。

- 如果你有几次在同一题目上选择了两个或两个以上的答案,那么你可能是混合型记忆类型。

给视觉记忆类型同学的学习建议

阅读课本	画图帮助记忆,如画思维导图
看图说故事	用不同颜色的笔画出重点
制作小卡片	看相关的电视节目或光盘

给听觉记忆类型同学的学习建议

上课认真听讲

经常大声朗读课文

选择周围噪声少的学习环境

尽量不听音乐，多一点自己的声音

用"三到"学习法——在协调其他感官互动学习时，多进行朗读或默念

给动觉记忆类型同学的学习建议

自己动手制作一些课件或实物

记忆时加入身体动作

运动中的学习（边散步边读书或思考）

自学时给自己一定的活动空间

你的优势记忆类型是：

你打算怎样发挥你的记忆优势：

具体做法	

三、读一读

动机——记忆的根本

理解——记忆的捷径

兴趣——记忆的媒介

应用——记忆的动力

争论——记忆的益友

重复——记忆的巩固

联想——记忆的魔法

简化——记忆的助手

勤奋——记忆的阶梯

观察——记忆的基石

发动思维的引擎——思维力

据传说，谁能解开奇异的高尔丁死结，谁就注定成为亚洲王。所有试图解开这个复杂怪结的人都失败了。亚历山大也想试一试。他用尽办法要找到这个结的线头，结果还是一筹莫展。后来他说："我要建立我自己的解结规则。"于是，他拔出剑来将高尔丁死结劈为两半。这个保留了数百年的难解之结就这样轻而易举地被亚历山大解开了。故事告诉我们，有时看似复杂的问题，只需要换种思维方式，便可迎刃而解。拥有超强的思维力，可以让我们做事情游刃有余、事半功倍。快快启动你的思维引擎吧！

什么是思维力

思维力是人脑对客观事物间接的、概括的反映能力。人们在学会观察事物之后，逐渐会把各种不同的物品、事件、经验分类归纳，通过思维进行概括。

思维力包括理解力、分析力、综合力、比较力、概括力、抽象力、推理力、论证力、判断力等。它是整个智慧的核心，参与、支配着一切智力活动。每个人的学习、工作和生活都离不开思维力。培养思维力是我们每个人从小必须做的练习和成才途径。

我们做任何事情都需要先进行严谨的思维再行动。在许多事情的解决过程中，如果我们能够主动换个角度思考，就能很快解决一些难题和摆脱困境。

卖水的淘金者

19世纪中叶，美国加州传来发现金矿的消息。许多人认为这是一个千载难逢的发财机会，于是纷纷奔赴加州。17岁的小农夫亚默尔也加入了这支庞大的淘金队伍，他同大家一样，历尽千辛万苦赶到了加州。

淘金梦是美丽的，做这种梦的人很多，而且还有越来越多的人蜂拥而至，一时间加州遍地都是淘金者，而金子自然越来越难淘。

不但金子难淘，生活也越来越艰苦。当地气候干燥，水源奇缺，许多不幸的淘金者不但没有圆发财梦，反而葬身此处。

亚默尔经过一段时间的努力，和大多数人一样，没有发现黄金，反而被饥渴折磨得半死。一天，望着水袋中剩下的一点点舍不得喝的水，听着周围人对缺水的抱怨，亚默尔忽发奇想：淘金的希望太渺茫了，还不如卖水呢。

于是亚默尔毅然放弃淘金，将手中挖金矿的工具变成挖水渠的工具，从远方将河水引入水池，用细纱过滤，成为清凉可口的饮用水，然后将水装进桶里，挑到山谷里卖给找金矿的人。

当时有人嘲笑亚默尔，说他胸无大志："千辛万苦地到加州来，不挖金子发大财，却干起这种蝇头小利的小买卖，这种生意哪儿不能干，何必跑到这里来？"

亚默尔毫不在意，不为所动，继续把几乎无成本的水卖出去。

结果，大多数淘金者空手而归，而亚默尔却在很短的时间靠卖水赚到几千美元，这在当时是一笔非常可观的财富了。

这个故事告诉我们，倘若原来的目标太高一时无法实现，不如先静下心来找原因，再寻求解决问题的方法，可另辟蹊径，移花接木，灵活机动，用比较容易达到的目标来替代。换一个角度看问题，这也是一种巧妙的思维方式。

思维是具有能量的，我们只要勤于思考，善于运用思维力，就能创造无限的精彩与奇迹。

生活中，很多时候我们习惯于自始自终用一种思想去观察和解决问题。结果自己给自己设置了一个"桎梏"，逐渐形成一种思维定式，从而阻碍了我们前进的步伐。其实，有时成功距离我们并不遥远，只需要我们变换一种思维方式。

常用的思维方法

我们已经知道了"思维力"与我们的生活和学习密不可分，下面我们就来进一步了解常用的思维方法。

1. 逻辑思维

逻辑思维也叫抽象思维，是指人在认识过程中借助概念、判断、推理反映现实的思维方式。它以抽象性为特征，撇开具体形象，揭示事物的本质属性。

逻辑思维是正确思维的基础。没有严密的逻辑，思维就是混乱的、漏洞百出的、自我矛盾的，乃至往往是错误的、荒谬的。常用的逻辑思维方法有分析与综合、抽象与概括、比较思维和逆向思维。

（1）*分析与综合*。分析是把事物分解为各个部分、侧面、属性，分别加以研究，是认识事物整体的必要阶段。而综合是把事物的各个部分、侧面、属性按内在联系有机地统一为整体，以掌握事物的本质和规律。分析与综合是互相渗透和转化的，在分析基础上综合，在综合指导下分析。分析与综合循环往复，推动认识的深化和发展。

> 在研究数学概念和性质时，往往先把研究对象分解成几个部分、方面和要素进行考察，再进行整合，从整体上认识研究对象，形成理性认识。平时教师和学生都经常有意识和无意识地运用分析和综合的思维方法。如认识等腰梯形时，可以从它的边和角等几个要素进行分析：它有几条边？几个角？四条边有什么关系？四个角有什么关系？再从整体上概括等腰梯形的性质。
>
> 数学中的分析法一般被理解为：在证明和解决问题时，从结论出发，一步一步地追溯到产生这一结论的条件是已知的为止，是一种"执果索因"的分析法。

综合法一般被理解为：在证明和解决问题时，从已知条件和某些定义、定理等出发，经过一系列的运算或推理，最终证明结论或解决问题，是一种"由因导果"的综合法。如小学数学中的问题解决，可以由问题出发逐步逆推理到已知条件，这是分析法；从已知条件出发，逐步求出所需答案，这是综合法。分析法和综合法是数学学习中应用较为普遍的互相依赖、互相渗透的思维方法。

(2) **抽象与概括**。抽象是从众多的事物中抽取出共同的、本质性的特征，而舍弃其非本质的特征。具体地说，抽象就是人们在实践的基础上，对丰富的感性材料通过"去粗取精、去伪存真、由此及彼、由表及里"的加工制作，形成概念、判断、推理等思维形式，以反映事物的本质和规律。

概括是形成概念的一种思维过程和方法，即从某些具有相同属性的事物中抽取出本质属性，并将其推广到具有这种本质属性的一切事物，从而形成关于这类事物的普遍概念。概括是科学发现的重要方法。因为概括是由较小范围的认识上升到较大范围的认识，是由某一领域的认识推广到另一领域的认识。

在学习"比的基本性质"这一知识点时，我们需要理解和复习"商不变性质""分数的基本性质"，找出"比"与"分数""除法"之间的内在联系——比的前项相当于分数的分子或除法算式中的被除数，比的后项相当于分母或除数，比值相当于分数值或商，然后分别对照"商不变性质"和"分数的基本性质"列举相应的实例进行同化、对比，在此基础上实现抽象概括，利用三者之间的联系，展现知识的同化过程，抽象出"比的基本性质"的本质属性，概括出它的准确含义。

我们都知道，把事物的本质属性抽象概括并推广到同类事物中去，思维的抽象水平越高，知识的使用范围也就越大。所以我们就有必要进行及时的知识梳理，抽象概括，转化为自己的内在知识。

> 长方形、正方形、平行四边形的面积公式可以概括为"底乘以高"，我们可以把它推广到三角形、梯形的面积公式中去；长方体、正方体、圆柱体的体积公式可以概括为"底面积乘以高"。这样做既可减轻我们记忆上的负担，又有利于加深对所学知识的系统掌握。
>
> 学习空间几何时，可以通过简单的模型演示，来观察这种演示的过程，在头脑中形成关于空间几何的抽象思维，在之后进行空间几何问题的解决时，就可以迅速地在头脑中形成相应的数学模型。

（3）比较思维。按照对象，比较分为同类事物之间的比较和不同类事物之间的比较。按照形式，比较分为求同比较和求异比较。

在相似中求不同之处的比较思维较为常见，可以让人独辟蹊径，轻松解决难题。

香港有一家经营黏合剂的商店，在推出一种新型的"强力万能胶"时，市面上也有各种各样的万能胶。老板决定

从广告宣传入手进行推广，经过研究发现几乎所有的万能胶广告都雷同。于是，他想出一个与众不同、别出心裁的"广告"，把一枚价值千元的金币用这种胶粘在店门口的墙上，并告示说，谁能用手把这枚金币抠下来，这枚金币就送给谁。果然，这个广告引来许多人的尝试和围观，起到了轰动效应。尽管没有一个人能用手抠下那枚金币，但进店买"强力万能胶"的人却日益增多。

在不同中求相同或相似的事例也很多，如人类发明飞机时参考了鸟，发明潜水艇时参考了鱼，等等。

（4）**逆向思维**。逆向思维法是由结果推理原因的思维方法。有这样一个故事，一位母亲有两个儿子，大儿子开染布作坊，小儿子做雨伞生意。每天，这位老母亲都愁眉苦脸，天下雨了怕大儿子染的布没法晒干；天晴了又怕小儿子做的伞没有人买。一位邻居开导她，叫她反过来想：雨天，小儿子的雨伞生意做得红火；晴天，大儿子染的布很快就能晒干。逆向思维使这位老母亲眉开眼笑，烦恼顿消。

我们青少年在日常生活和学习中难免遇到一些挫折与困难，不妨也使用逆向思维，正是由于有了这些挫折与困难，才使我们更加坚强，并且积累了解决困难的经验。

大家都听过司马光砸缸的故事，司马光的朋友掉进了大水缸里，常规的思维模式是"救人离水"，而司马光面对紧急险情，运用了逆向思维，果断地用石头把缸砸破，"让水离人"，救了小伙伴性命。

创造发明的路上更需要逆向思维。逆向思维可以创造出许多意想不到的奇迹。洗衣机的脱水缸，它的转轴是软的，用手轻轻一推，脱水缸就东倒西歪。可是脱水缸在高速旋转时，却非常平稳，脱水效果很好。当初设计时，为了解决脱水缸的颤抖和由此产生的噪声问题，工程技术人员想了许多办法，先加粗转轴，无效，后加硬转轴，仍然无效。最后，他们来了个逆向思维，弃硬就软，用软轴代替硬轴，成功地解决了颤抖和噪声两大问题。这是一个由逆向思维诞生的创造发明的典型例子。

再比如反复印机的发明：日本是一个经济强国，又是一个资源贫乏国，因此他们十分崇尚节俭。当复印机大量吞噬纸张的时候，他们一张白纸正反两面都利用起来，一张顶两张。日本理光公司的科学家不以此为满足，他们通过逆向思维发明了一种"反复印机"，已经复印过的纸张通过它以后，上面的图文消失了，重新还原成一张白纸。这样一来，一张白纸可以重复使用许多次，不仅创造了财富，节约了资源，而且使人们树立起新的观念：节俭固然重要，创新更为可贵。

2. 创新思维

在日常的学习和生活中，我们除了会用到逻辑思维，很多时候还会用到创新思维来解决问题，同样会收获成功的喜悦。常用的创新思维方法有发散思维与收敛思维、联想思维法、多角度思维法、侧向思维法、U型思维法等。

（1）**发散思维与收敛思维**。发散思维是指解决问题时从一个目标出发，沿着各种不同的途径，多方位、多角度、多层次去思考，如"一题多解""一事多写""一物多用"等。收敛思维是指在解决问题的过程中，尽可能利用已有的知识和经验，把众多的信息和解题的可能性逐步引导到条理化的逻辑序列中去，最终得出一个合乎逻辑规范的结论。

(2) 联想思维法。联想思维法是指在不同事物之间产生联系的一种没有固定思维方向的自由思维方法。它促进我们将知识内化，并能够举一反三，灵活解决问题。

联想思维的类型：①接近联想，是指时间上或空间上的接近都可能引起不同事物之间的联想。比如，当你遇到某位老师时，就可能联想到他过去讲课的情景。②相似联想，是指由外形、性质、意义上的相似引起的联想。如由照片联想到本人等。③对比联想，是由事物间完全对立或存在某种差异而引起的联想。④因果联想，是指由于两个事物存在因果关系而引起的联想。这种联想往往是双向的，既可以由起因想到结果，也可以由结果想到起因。

(3) 多角度思维法。从多个不同的角度思考问题，不同的角度有不同的发现。比如，有个小男孩说："苹果里有颗五角星。"这让人难以理解，小男孩把苹果横放在桌上，然后拦腰切开，就会发现苹果里有一个清晰的五角星形状的图案。

生活中运用多角度思维法的事例很多。比如，有一家手帕厂生产的锦缎白手帕销售受阻，库存积压20万条。按照习惯思维，手帕是用来擦手、揩汗的。但销售人员换了一种思维方式，手帕除了实用的功能，还应该有美化的功能，而市场上没有一家手帕厂是以美化功能进行定位的。这个发

现让他们欣喜不已，他们对库存的 20 万条手帕重新进行加工，在上面印上图案，配上说明书，重新投放市场，结果大受欢迎，这批滞销的手帕成为畅销商品一售而空。

(4) 侧向思维法。侧向思维法就是思考问题时，不从正面角度，而是将注意力引向外侧其他领域和事物，从而受到启发，找到超出限定条件以外的新思路。例如一百多年前，奥地利医生奥恩布鲁格想解决怎样检查出人的胸腔积水这个问题，他想来想去，突然想到了自己父亲。他的父亲是酒商，在经营酒业时，只要用手敲一敲酒桶，凭叩击声，就能知道桶内有多少酒。奥恩布鲁格想：人的胸腔

和酒桶相似，如果用手敲一敲胸腔，凭声音，不也能诊断出胸腔中积水的情况吗？"叩诊"的方法就这样被发明出来了。

(5) U型思维法。从思维方向看，创新思维有直线思维和U型思维之分。在求解问题过程中，如果能用直线思维求解，那是再好不过的了，因为直接求解的思路最短。但是许多问题的求解靠直线思维是难以如愿的，这时采用U型思维去思考，或许能使问题迎刃而解。U型思维法的基本特点就是避直就曲，让思路拐了个大弯儿。在实际操作时，思路又怎样拐好这个弯儿呢？借助"第三者"的介入进行过渡思考，便是常用的拐弯技巧。

例如，电冰箱的冷冻机中充满着氟利昂和润滑油，如果密封不严，氟利昂和润滑油都会外漏。传统的查漏办法是直接观察，费时费力且不可靠，如何发明一种新方法实现自动检测呢？有人想到了一种避直就曲的办法：将掺有荧光粉的润滑油注入冷冻机里，然后在暗室里用紫外线照射冷冻机，根据有无荧光出现来判断是否出现渗漏及渗漏发生在何处。在这种方法中，荧光粉和紫外线就属于"第三者"。

练习与拓展

一、练一练

1. 谁偷了奶酪：有四只小老鼠一块出去偷食物（它们都偷了食物），回来时族长问它们都偷了什么食物。老鼠a说：我们都偷了奶酪。老鼠b说：我只偷了一颗樱桃。老鼠c说：我没有偷奶酪。老鼠d说：有些老鼠没偷奶酪。族长仔细观察了一下，发现它们当中只有一只老鼠说了实话。那么下列评论正确的是：

A. 所有老鼠都偷了奶酪。

B. 所有老鼠都没有偷奶酪。

C. 有些老鼠没有偷奶酪。

D. 老鼠 b 偷了一颗樱桃。

（提示：假设老鼠 a 说的是真话，那么其他三只老鼠说的都是假话，这符合题中仅一只老鼠说实话的前提；假设老鼠 b 说的是真话，那么老鼠 a 说的就是假话，因为它们都偷食物了；假设老鼠 c 或老鼠 d 说的是真话，这两种假设只能推出老鼠 a 说的是假话，与前提不符）

2. 巧填符号（可以使用加号、减号、乘号、除号和括号使等式成立）。

$$2\ 2\ 2\ 2\ 2=9$$
$$3\ 3\ 3\ 3\ 3=8$$
$$5\ 5\ 5\ 5\ 5=7$$
$$6\ 6\ 6\ 6\ 6=6$$
$$7\ 7\ 7\ 7\ 7=5$$
$$8\ 8\ 8\ 8\ 8=4$$
$$9\ 9\ 9\ 9\ 9=3$$

3. 逻辑推理训练：小王、小张、小赵三个人是好朋友，他们一个人下海经商，一个人考上了重点大学，一个人参军了。此外还知道以下条件：小赵的年龄比士兵的大，大学生的年龄比小张的小，小王的年龄和大学生的年龄不一样。请推出这三个人中谁是商人，谁是大学生，谁是士兵。

（提示：假设小赵是士兵，那么就与题目中"小赵的年龄比士兵的大"这一条件矛盾了，因此，小赵不是士兵；假设小张是大学生，那就与题目中"大学生的年龄比小张小"矛盾了，因此，小张不是大学生；假设小王是大学生，那么，就与题目中"小王的年龄和大学生的年龄不一样"这一条件矛盾了，因此，小王也不是大学生。所以，小赵是大学生。由条件"小赵的年龄比士兵的大，大学生的年龄比小张小"得出小王是士兵，小张是商人）

二、试一试

有位哲人说得好，数学和音乐是人类精神中两种最伟大的产品，是两个金碧辉煌的世界。数学仅用了十个阿拉伯数字和若干符号就造出了一个无限的、真实的世界；音乐是用五条线和一些蝌蚪状的音符就造出了一个无限的、美妙的世界。请你哼唱一首你自己非常喜欢的歌曲，感受音乐的魔力。请你打开自己的数学书，重新梳理一下你学习过的数学知识，体验一下数学的魅力。

通过上述活动你有什么感受和体会？对你有什么启迪？

三、做一做

1. 运用逻辑思维，统筹安排时间。

你知道吗？思维能力是智力的核心因素。孔子曰："知之者不如好之者，好之者不如乐之者。"乐学才能好学，我们要做快乐学习的小主人，让我们的大脑积极地运转起来，在知识的海洋中汲取宝贵的精神财富，为自己的未来做好充分的准备。

为自己制订一份学习计划书，科学合理地安排自己的时间，并且尽量做到专时专用。每天晚上睡觉之前，在床上静静思考一天的学习有哪些好的方法和策略，有哪些需要改进的地方，在学习中找到快乐和成功。同时，注意多向同学、老师请教学习方法，提高学习质量。

2. 记录下自己的奇思妙想。

在家创建一个智慧小园地，把自己在日常生活中方方面面的奇思妙想及时记录下来贴到小园地里，并将其付诸实践。也可以将自己的学习小妙招、一题多解的思路展示到小园地里。

插上想象的翅膀——想象力

科学的发展过程是一个不断创新、努力探索、追求卓越的过程，科学的发展离不开想象，我们想象的内容或许是我们未来社会真实的事物。让我们记住爱因斯坦的那句名言："想象力比知识更重要！"想象力概括着世界上的一切，推动着社会进步，而且是知识进化的源泉。请记住，如果在学习中多动脑，多想象，一定会使自己的思维越来越灵敏，学习效率逐步提高。如果想成为一个富有无限活力、成功而快乐的人，那也必须学会想象。

什么是想象力

想象是一种特殊形式的思维，它以感性材料为基础，把表象的东西重新加工而产生新形象。想象力是人在已有形象的基础上，在头脑中创造出新形象的能力。任何想象都有其根源，这是日常自我训练想象力的理论基础。

想象一般是在掌握一定知识的基础上完成的。比如当我们在谈话中说起汽车，马上就能想象出各种各样的汽车形象来。因此，也可以说，想象力是在你头脑中创造一个念头或思想画面的能力。

"踏花归去马蹄香"的艺术升华

北宋皇帝宋徽宗赵佶喜欢绘画，他本身也是一个善于画花鸟的能手。他绘画特别注意构图的立意和意境，所以在朝廷考试画家的时候常常以诗句为题，让应考的画家按题作画择优录用。有一次考试，主考官出了一个命题"踏花归去马蹄香"，让画家把这句诗的内容通过绘画体现出来。

开始画家们个个都面面相觑、一筹莫展。过了一会儿，便先后动起笔来。有的画家绞尽脑汁，在"踏花"二字上下功夫，有的画家画了许多花瓣儿和一个人骑着马在花瓣儿上行走，表现出游春的意思；有的画家煞费苦心在"马"字上下功夫，画面上的主体是一位跃马扬鞭的少年，在黄昏时疾速归来；有的画家运思独苦，在"蹄"字上下功夫，在画面上画了一只大大的马蹄子，特别醒目。

只有一位画家独具匠心，他不是单纯着眼于诗句中的个别词，而是在全面体会诗句含义的基础上着重表现诗句末尾的"香"字。他的画面是：在一个夏天的黄昏，一对游人骑着马归乡，马儿疾驰，几只蝴蝶追逐着马蹄蹁跹飞舞。

考卷交上来以后，主考官一幅一幅地审看。看了一张不满意，放在一边；又看了一张还是不满意，又放在了一边……等到看见蝴蝶追逐着马蹄蹁跹起舞这一幅时，他脸上立时现出了喜悦。他连连称赞："好极了！好极了！"于是选中了这一幅。

在"踏花归去马蹄香"这句诗里，"踏花""归去""马蹄"都是比较具体的事物，容易表现出来；而"香"字则是一个抽象的事物，用鼻子闻得到，可用眼睛却看不到，而绘画是视觉艺术，所以难以表现。被选中的这一幅，几只蝴蝶追逐着马蹄翩跹起舞，使人一下子就想到那是因为马蹄踏花泛起一股香味的缘故，所以是成功的。它能够让我们通过头脑中的想象马上在大脑中感受到"香"的真实存在。

看了这个故事后，你对想象力有没有更加深刻的理解呢？你又有什么感受呢？

从科技革命到知识爆炸，从大数据到人工智能，人类社会又步入了想象力经济的时代。想象力是人类原始的天赋和能力，创造新事物、创新新模式，从无到有、从零到一；更深层上，想象力是突破认知的边界，超越已有的极限，颠覆过去的经验。从这个意义上讲，想象力改变我们的生活并推动着社会的前进。

创造性想象改变思维模式

在创造性想象中，人们运用想象力去创造自己希望实现的一件事物的清晰形象，接着，持续不断地把注意力集中在这个思想或画面上，给予它肯定性的能量，直到最后它成为客观现实。想象力的伟大是人类比其他物种优秀的根本原因。因为有想象力，我们才能创造发明，发现新的事物定理。如果没有想象力，人类将不会有任何发展与进步。爱因斯坦之所以能发现相对论，就是因为他能经常保持童真的想象力。牛顿能从苹果落地而想到万有引力这一个科学的重大发现，也是因为想象力。

1. 关于想象力的科学推论

根据科学推论，人类最早的想象力源于火。我们的祖先曾经过着和动物一样茹毛饮血的生活，食物都是生吃的。一次闪电使森林发生大火，烧死了很多动物，我们的祖先有跑出来的，也有部分烧死在森林里面。跑出来的因为肚子实在太饿了，只好拿那些烧死的动物来吃，发现很好吃。他们看着跳动的火苗就开始想象怎样把火保留下来，怎样利用火。渐渐地，人类开始想象很多东西，并通过想象力创造文字、语言、科技，发明一些新的事物。火烧熟食物使人类体能增加，其他的动物都是很怕火，我们利用火战胜了很多动物。能力的增加使人类开始对未知事物感兴趣，踏上了探索之路。

2. 想象力产生的必要条件

首先，要积累丰富的知识和经验；其次，要保持和发展自己的好奇心；最后，应善于捕捉创造性想象和创造性思维的产物，进行思维加工，使之变成有价值的成果。

如何提升我们的想象力

想象力是一种依靠形象进行思维的能力，想象力包括视觉和空间智力，是一种综合能力。许多事实表明，充分利用想象力（包括适度做白日梦）对记忆知识、组织知识、规划未来、做出决策都有神奇的作用。

在我们日常的生活和学习中，提高想象力是非常有必要的。想要提高想象力，最基础的肯定是多看、多思考，但还有更高的要求。

作为新时代的学生，我们应该有意识地从生活中的小事开展自主和自发训练。

1. 要善于积累知识和经验

想象是对已有的知识、表象和经验进行改造、重新组合、创造新形象。因此头脑中储存的表象、经验和知识越多，就越容易产生想象。

丰富的知识经验是发展想象力的基础。没有知识和经验的想象只能是毫无根据的空想，或者是漫无边际的胡思乱想。扎根在知识经验上的想象，才能闪耀思想的火花。知识越渊博、经验越丰富，想象力的驰骋面就越广阔。这里所说的广博知识，除了专业知识和与专业知识相关的科学知识，还要有广泛的兴趣，积累多方面的知识。

想象是在我们大量的生活经验的基础上积累起来的。别人说"苹果"，你的头脑中会浮现出一个苹果的具体形象，这个形象就是表象。正是依靠表象的积累，我们的想象才逐渐发展起来。我们要主动有意识地积累生活经验，在头脑中建立表象，表象积累得越多，就越容易将相关的表象联系起来，这也就是想象发展的过程。生活经验的多寡，直接影响到想象的深度和广度。丰富的生活经验是提高人们想象力的重要因素。因此，我们应当广泛地接触、观察、体验生活，并有意地在生活中捕捉形象，积累表象，为培养想象力创造良好的条件。

2. 要善于临摹仿效

想象力的培养，模仿往往是第一步。正如你临摹字帖，天长日久就可以写好字。模仿是一种再造想象。通过模仿，你可以抓住事物的外部和内部特点。模仿绝不是无意识地抄袭，而是把眼前和过去的东西通过自己的头脑再造出来。与创造相比，模仿是一种低级的学习方法，但是创造总是从模仿开始的。有人说，模仿对于儿童来说与独立创造一样重要。古今中外许多有成就的人物，在开始时都是从模仿中获益的，然后再在前人的基础上加以创新，走出自己的新路。

"阿Q"的形象就是鲁迅先生用这种方法想象出来的。阿Q的原型"没有专用过一个人，往往嘴在浙江，脸在北京，衣服在山西，是一个拼凑起来的角色"。

3. 要勤于动手

手脚的每一条神经都与大脑相连接，受大脑支配，而手脚不同的动作又可促进大脑的发育。研究表明，勤于动手的孩子更富创造性和想象力。

在日常的学习和生活中，我们自己的事情一定要自己做，不要由爸爸、妈妈或者其他长辈包办代替。例如，自己收拾文具、床铺、卧室，自己洗袜子、内衣，自己背书包等。要知道，我们在动手做事时，脑子也在动。

我们在做家务的同时也在不断地锻炼我们的大脑；科学统筹安排时间，高效率完成家务的同时，也为我们进一步学习、探索、想象打下了坚实的基础，积累了丰富的生活经验。

4. 要善于运用多种感官

我们每天更多地生活在视觉的世界里，对其他感觉缺乏体验和锻炼，触觉、视觉、听觉、嗅觉、味觉、灵感对想象力和创造力同等重要。我们可以在一个阳光温暖的清晨或是温度适宜的午后，和小伙伴一同走进大自然，细细感受绿树环抱、鸟语花香、潺潺流水……戴上眼罩，依靠听觉、触觉等感觉世界，闭上眼睛聆听大自然的声音，用手轻轻触摸一棵树粗糙的树皮，闻闻花香、草香，静静地感受自己的心跳、脉搏、呼吸，通过听到了什么、感受到了什么、闻到了什么，来思考和想象：我们是在宇宙中漫步，还是在自然中穿梭？想象一下我们就是宇宙中的一个鲜活个体，独一无二，潜能无限。

5. 要勤于动脑

勤于动脑是培养想象力，特别是创造性想象力的有效途径之一。生活中凡事都要多思考，多问几个问题。比如：喝完饮料的瓶子还能做什么用？能当球踢吗？能做擀面杖吗？透过玻璃瓶看字会缩小还是变大？也可以多做假设，展开联想和想象。比如：假如我是一粒种子，怎样才能发芽？会怎样发芽？发芽后是什么样的？能用肢体比画出来吗？

闲暇时，不妨和小伙伴们来个"吹牛"比赛，比如"嘴大——上嘴唇接着天，下嘴唇贴着地"之类；还可以讨论或运用有夸张意味的成语，如"胆大包天"———这个天怎么包？

6. 要善于海量阅读

阅读可以促使大脑主动进行富有想象力的创造性思维，因此阅读是培养想象力的土壤。多看一些童话、神话、科学幻想、科学发明之类的图书和文章，在阅读中培养想象力。

在阅读过程中，我们还可以对故事进行续编或改编。当故事看完开头或看到一半的时候，我们不妨停下来，展开自己的想象，为故事编写不同的情节和结尾，过一把"作家"瘾。

阅读是智力发展的关键，同时也有助于激发我们的想象力。选择那些拥有大量丰富多彩的图片的书籍，对我们来说文字内容并不重要，尽可能根据图片自己编故事，也可以和家长一起创造情节，还可以进行角色扮演，增加趣味性和参与感。

创编一些小故事也非常吸引人。你可以从周围的环境出发创编一些小故事，尽量发挥自己的想象力，甚至可以让自己变成故事里的超级英雄。最终，把自己的故事讲给家长和小伙伴听，故事里你就是主角。当把故事转化成文字，日积月累，你的想象力和写作能力会一起提升。

7. 要善于培养发现问题的优良心理品质

巴尔扎克曾说过："打开一切科学的钥匙都毫无异议地是问号，我们大部分的伟大发现应该都归功于'如何'，而生活的智慧大概就在于逢事都要问个为什么。"敢于发现问题、善于发现问题和敢于提出问题，是一种极有价值的智力素质，这里包括观察、好奇、怀疑、爱问、追问等。对于青少年来说，观察、怀疑、想象、思考以及永不满足的好奇心所产生的种种追求，可以引导他们去选择新的目标，持续进行学习和研究。

勇敢大声地将想法说出来也是一个过程，这不但是梳理生活经验的过程，也是经验在头脑中组织、整理后表达的过程。我们要鼓励自己大胆地说，并且不要因大人一句简单的"瞎说"就将自己的奇思妙想打发掉，而应该继续仔细思考这到底是怎么回事，是想象的还是真的，分清哪些是想象的，哪些是真实的。在自己的内心深处对自己提出的问题给予鼓励："快想想为什么。""这是怎么一回事儿？""隐藏在深处的真相就要被我们发现了！"……

练习与拓展

一、做一做

1. 月亮对我们来说并不陌生，然而我们当中的任何一个人都不曾亲眼看到月亮表面的样子。你能根据我们平时对月亮的观察和了解想象一下月球的样子吗？请你充分发表自己的观点。

2. 开动大脑。

（1）看到"〇"你能够想象出什么？

（2）用三根牙签你能摆出几种图形?

　　（3）如果给你100元钱，你想做什么事情?

　　3.创作想象力大比拼：和小伙伴一起给一幢小房子的周围画上鲜花、树木、人物等，看看谁画得丰富、有新意。

　　4.交流分享：当你阅读一篇优美的文章时，你的头脑中是否会出现相关的风景画面吗？你经常旅游吗？你注意过旅游景点的参天古树、怪石、建筑物的形状像什么吗？把你的经历说给伙伴们听听。旅游景点给你留下了深刻的印象，让你想到了什么？

　　（1）请将自己在阅读优美的写景文章时头脑中想象出的优美景物的经历与大家交流一下。

　　（2）请将自己在旅游过程中看到名胜古迹时的所思所想与伙伴们交流。

　　5.动手实践：看看这些形态各异的小叶子，想象一下它们的形状像什么。请畅所欲言。你发现了什么？有什么感受？使用这些叶子你能创造想象出哪些事物呢？

二、测一测

下面是一种测试想象力的好方法，为每个方格打一成语。赶紧来测测吧!

（提示：异曲同工　自圆其说　可圈可点　一五一十　口是心非
心直口快　无与伦比　啼笑皆非　里应外合　三教九流
五音不全　两面三刀　一塌糊涂　多此一举　左右开弓
天方夜谭　羊入虎口　白纸黑字　北面称臣　石破天惊
能直能弯　三从四德　风花雪月　四大皆空　德高望重
四脚朝天　三言两语　入木三分　扬眉吐气　比翼双飞
正中下怀　举一反三　马失前蹄　点到为止　莫名其妙）

三、做一做

请自己动手收集你喜欢的树叶、植物种子、毛线头、花布头、易拉罐、矿泉水、饮料瓶等，并将这些原材料根据自己的想象做成科幻画、小相框、小饰品等精心装点自己的小天地。相信你一定创作得精彩极了。快把你的作品精心设计好并制作出来，用图片或者 PPT 的形式向伙伴们展示一下吧！

你知道什么是学习策略吗？在学习过程中，你运用过哪些有效的学习策略？学习策略是指学习者为了提高学习效率，有目的、有意识地制定的有关学习过程的复杂方案，或者说是为了提高学习效率，对信息进行编码、分析和提取的智力活动，是选择、整合应用学习技巧的一套操作过程。学习策略训练的目的是帮助我们学会提出问题、学会有效解决问题、学会有效阅读和友善用脑。相信经过一段时间的训练，我们的学习策略会有很大提高！

学习策略

十万个为什么——学会提问

伟大的科学家爱因斯坦曾说:"我并没有什么特殊的才能,只不过是喜欢寻根问底地追究问题罢了。我认为提出一个问题比解决一个问题更重要。"

提问题体现了一个人的思考力、洞察力,反映了一个人快速分析问题的能力,更体现出理性、不盲从、积极的态度。我们不仅要学习知识,更要知道如何应用,突破死记硬背,理解为什么是这样,大胆地提出自己的质疑和想法,新时代的学习者需要这种能力。

春秋时期,孔子被世人尊为圣人。他是当时著名的思想家、教育家和政治家,也是儒家学说的创始人。孔子认为人并不是生下来就学识渊博,一定要勤学好问。一次,孔子去国君的祖庙参加祭礼仪式,他不时地向人询问。有人嘲笑他不懂礼仪，孔子听到这些后毫不在意，并且说："遇到不懂的事便问个明白，这才是要求知礼的表现啊！"孔子还曾称赞孔圉"敏而好学，不耻下问"，可见，他非常看重勤学好问的品质。

爱因斯坦也曾说过：如果我用一个小时去解开一个性命攸关的困局，我会用55分钟的时间去确定应该去提出什么样的问题。

提问能帮助一个人比较深入和透彻地理解一件事；发现问题、解决问题，这个过程能够促进我们主动地学习和探索。提问对提升我们的理解能力特别重要，是我们保持好奇心，培养批判性思维的有用工具。多问些为什么，多角度去考虑问题，可以让我们对事情保持客观理性的态度，不轻信，不盲从，不武断。

提问从批判性思维开始

批判性思维是一种反思性思维，包括三个方面：一是有问题意识；二是有提出和回答关键问题的能力；三是有积极主动利用关键问题的愿望。提出这些关键问题，能够引导问题的方向，提高我们的思维能力，还有助于提高我们的书面表达能力和口头表达能力。通往合理结论的道路往往从问题开始，而能提出这些问题需要我们发展相关技能，树立正确的态度，批判性地思考，才能让我们做出判断，形成自己的观点。批判性的提问是我们搜寻信息和寻找答案的最好方法。

问题的类型

1. 开放式问题与封闭式问题

开放式问题是一些不能轻易地只用"是""不是"或者其他简单的词或数字来回答的问题，问题的答案不唯一，没有限制，侧重对事情的描述。

例如：你如何评价你自己？对动物克隆技术你有哪些想法？

有的属于适度开放式问题，例如：在性格方面你如何评价你自己？对美国动物克隆技术，你有哪些看法？

开放式问题的优点是灵活，适应性强，提供的信息量大；缺点是回答问题所需时间长，核心信息容易被湮没。

封闭式问题是指答案有唯一性，范围较小，对回答的内容有一定限制的问题。提问时，给对方一个框架，让对方在可选的几个答案中进行选择。封闭式问题的优点是能够让回答者按照指定的思路去回答，能快速获得信息；缺点是思维受限、信息量小。

例如：你喜欢狗吗？你在学校学习了哪些课程？你是否赞同动物克隆技术？

下面几个问题的开放程度是逐渐减弱的：

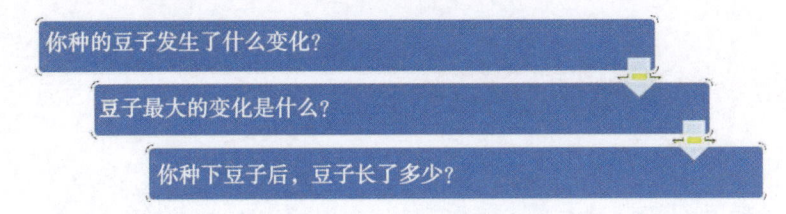

> 你种的豆子发生了什么变化？

> 豆子最大的变化是什么？

> 你种下豆子后，豆子长了多少？

2. 事实性问题、分析性问题及创新性问题

事实性问题是以事实为基础，比较容易解答，帮助我们澄清事实，巩固知识的问题，侧重考查被提问者对知识的记忆能力。分析性问题不光针对事实，还有观点和看法，被提问者回答时需要加入自己的思考，侧重考查被提问者的分析能力。创新性问题是指在假设基础上，通过深层的对比、思考、分析，使被提问者对事情理解得更透彻的问题，也可以说创新性问题是一种反思性问题。

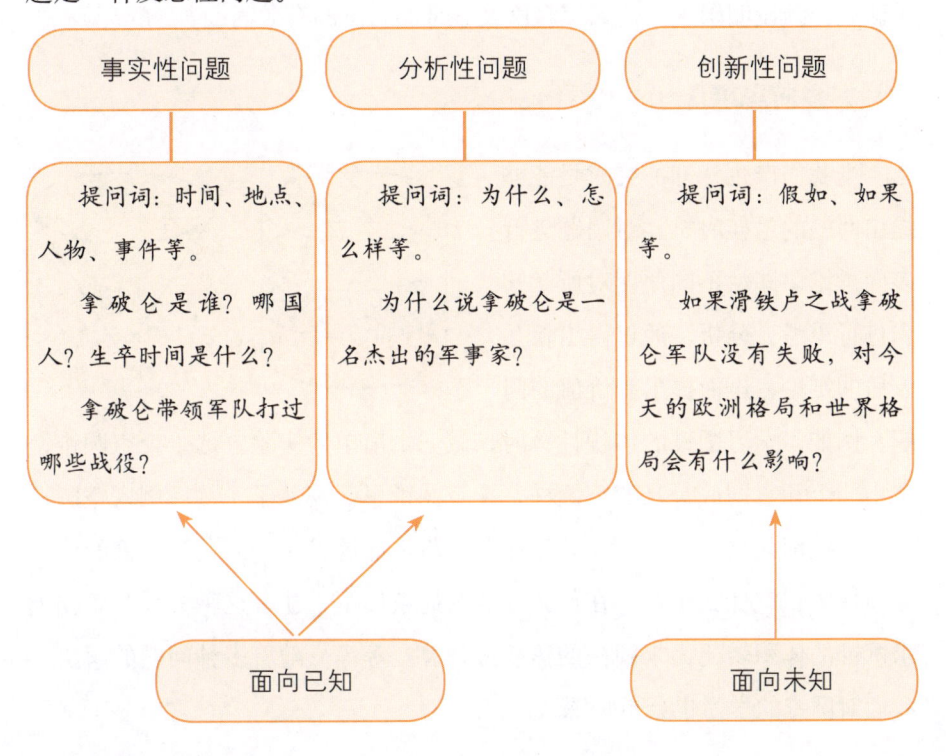

事实性问题

提问词：时间、地点、人物、事件等。

拿破仑是谁？哪国人？生卒时间是什么？

拿破仑带领军队打过哪些战役？

分析性问题

提问词：为什么、怎么样等。

为什么说拿破仑是一名杰出的军事家？

创新性问题

提问词：假如、如果等。

如果滑铁卢之战拿破仑军队没有失败，对今天的欧洲格局和世界格局会有什么影响？

面向已知　　　　面向未知

有效提问的几种方法

1. 逐层剖析法

从我们已有的生活经验入手，逐层剖析，由此提出有效的问题。首先，对经验进行回忆，给出直观描述。如：当从浅水水域进入深水水域时，人会有什么感觉？（逐渐感觉到胸闷）其次，对现象进行分析。如：为什么会胸闷？（因为胸部受到压迫，且这个压迫是由于液体内部有压强）最后，运用知识对现象进行思维加工。上一问题可发展为：液体内部压强跟液体的深度有关吗？至此，我们就从游泳的生活经验提出了一个具有较高知识关联度、预设明确度、信息综合度及思维参与度的有效问题。

2. 多向思维法

当我们产生认知冲突时是能够提出问题的最佳时机。对问题进行多向思维，即从不同角度对所学知识进行思考、分析，通过得出相互矛盾的结论，进而提出有价值的问题。例如，学习圆锥的体积计算时，做一个简单的实验。选一个空圆锥，拿出一个和它同底等高的空圆柱，在空圆锥里装满沙子，然后倒入空圆柱里，数数倒几次正好装满，通过这个实验你能提出哪些问题？圆锥的体积与圆柱体积有什么关系？在什么样的前提条件下，才有这种关系？怎样把求圆锥的体积转化为求圆柱的体积来计算？等等。随着多种问题的解决，我们对圆锥的学习也会更加深入。

3. 实验观察法

从观察实验现象中提出问题是进行有效提问的重要途径。首先，我们要对实验现象进行观察和描述。例如，"静电实验"中，用毛皮摩擦过的琥珀或胶木棒能够吸引碎草、纸屑等轻细物体。还有哪些物品相互摩擦会产生类似现象？其次，对现象进行分析，纸屑为什么会被吸引？最后，运用所学知识进一步对现象进行思维加工，将问题发展为：使物体带电的基本原理是什么？至此，我们不仅提出了有效的问题，对静电的理解也更加深入。

有效提问是基于生活经验与已有知识而做出的提问。我们应该多观察，独立思考，多角度探究，形成自己独特的思维方式与提问的个性化。

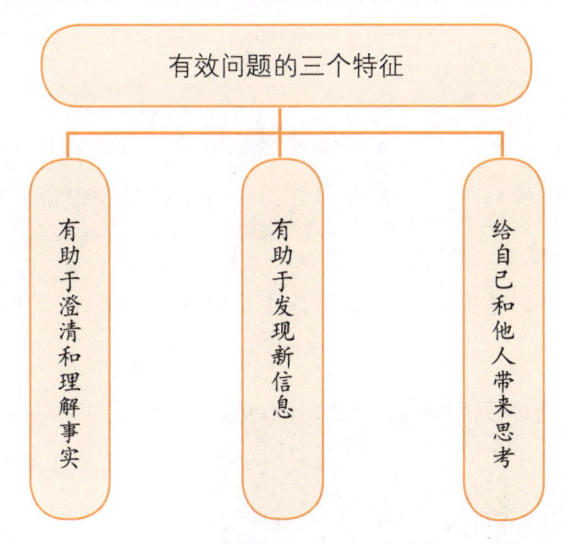

```
            有效问题的三个特征
        ┌───────┬───────┐
   有助于澄清    有助于发现    给自己和他
   和理解事实    新信息       人带来思考
```

像苏格拉底一样思考

苏格拉底提问法也叫作诘问式提问法、究底式提问法，是以谈话的方式通过就一个问题不停地追问，逐步引导我们得出正确答案的方法。这种谈话借助于问答来弄清对方的思路，使他自己发现真理。在谈话进行中，苏格拉底偏重于问，他不轻易回答对方的问题。他只要求对方回答他所提出的问题，他以谦和的态度发问，由对方的回答中导引出其他问题，直至最后由于不断的诘问，人们自己找到答案。在发问的过程中，苏格拉底给予学生最高的智慧。

有一回，苏格拉底问一个学生："人人都说要做一个有道德的人，但道德究竟是什么？"

学生说："忠诚老实，不欺骗别人，才是有道德的。"

苏格拉底问："但为什么和敌人作战时，我军将领却千方百计地去欺骗敌人呢？"

学生说："欺骗敌人是符合道德的，但欺骗自己人就不道德了。"

苏格拉底反驳道："当我军被敌军包围时，为了鼓舞士气，将领就欺骗士兵说援军已经到了，大家奋力突围出去。结果突围果然成功了。这种欺骗也不道德吗？"

学生说："那是战争中出于无奈才这样做的，日常生活中这样做是不道德的。"

苏格拉底又追问起来："假如你的儿子生病了，又不肯吃药，作为父亲，你欺骗他说，这不是药，而是一种很好吃的东西。这也不道德吗？"

学生只好承认："这种欺骗也是符合道德的。"

练习与拓展

一、练一练

1. 假如你非常喜欢的一位名人要来学校演讲或是演出，可能是明星、演讲家、政治家、作家、运动员、学者等。作为学校的小记者，你想提什么问题？请列出访问提纲。

_____
_____
_____

2. 请根据图片提供的信息提出问题，并对提出的问题进行分类。

事实性问题：_____
_____
_____

分析性问题：_____
_____
_____

创新性问题：_____
_____
_____

二、想一想

你的朋友小刚上学总是迟到，他想改变这个糟糕的情况，请你给他提建议。你需要从小刚那里获得哪些信息才能给他一个好的建议？你会向他提出哪些问题来得到这些信息？

三、做一做

请自选一本书或一篇文章，读完后大胆提出你的问题，并试着回答这些疑问。

这本书说了什么？

本书的目的是什么？目的达到了吗？你怎么看？为什么？

作者的基本观点是什么？他的观点有偏颇吗？偏颇在哪里？

作者用了什么事例来证明他的观点？他的论据充分吗？

这本书对你来说有什么意义？

你还有哪些问题？

每个人都是天生的学习者
——友善用脑

　　生理学、心理学研究都证明：人脑是个巨大的宝藏。大脑的潜能就像冰山下面的部分，还有非常大的开发空间。苏联科学家曾预言，如果发挥大脑一半的功能，就可以轻松地学会四十种语言，背诵整本百科全书，拿二十多个博士学位。

　　这些告诉我们，所有人都是天生的学习者，因为每个人都有奇妙独特的大脑，在尊重人的生理、心理规律的同时，掌握良好的学习策略，就可以发挥大脑的潜能。友善用脑是一整套行之有效的学习策略，它符合人的认知规律，能够让我们愉快、轻松、高效地学习！

差别怎么这么大

小明和小海是双胞胎，都在小学五年级（2）班。老师说他俩都很聪明，但是他俩的学习状态却有很大区别。

小明每次上课前都预习一下要讲的内容，并列出提纲，明确哪些是主要内容，哪些是不明白、需要认真听的内容，新内容和以前哪些知识相联系等。上课的时候小明根据提纲带着问题听讲，主动回答问题，并完善自己的提纲。他还经常利用周末时间把前一周学的知识用思维导图的形式进行总结整理，学习累了就听听音乐、做做操。但小海认为自己聪明，不用那么费事，上课认真听讲就行，老师讲的题简单，书上都有，只要看看书就行了，没必要自己再整理；做作业时有不懂的问题就看看小明的，认为自己认真看就能会，现在不着急。结果快期末考试了，小海发现自己很多知识都不会，这时才开始着急，废寝忘食地学习，弄得自己睡眠不足、头昏脑涨，学习效率很低。考试成绩出来了，小明的成绩非常优秀，小海则差了好多。老师感慨道：聪明的双胞胎，差别怎么这么大呢？

亲爱的同学们，你们看出来是什么原因造成他们小哥俩的差别了吗？与小海相比，小明懂得如何友善用脑。友善用脑是通向成功的桥梁，学会友善用脑，就掌握了打开知识之门的金钥匙。

什么是友善用脑

友善用脑是新西兰教育家克里斯蒂·沃德应用最新神经学、心理学研究成果，与她一生教育实践相结合，总结和倡导的教育理念和方法。友善用脑强调"所有的学生都是天生的学习者"，注重人的学习能力、创新能力的培养和学习方法人性化。

友善用脑也是一整套行之有效的学习方法，这些方法符合人的认知规律。掌握了这些学习方法，每个人都能轻松愉快地学习。

友善用脑基础理论研究成果证明，所有的学生都是天生的学习者，当一扇窗打不开时，我们不如去开另一扇窗；当一种学习方法不能很好地起作用时，我们不如换一种方法和途径。

友善用脑的策略

友善用脑的课堂教学所使用的个性化教学策略和手段，有音乐、运动、思维导图、冥想、多种感官参与活动、以自己的方式记忆等。它们相互补充、相互渗透，在具体的学习中对帮助我们学会学习发挥巨大的作用，也让我们的大脑能够高效率地运转、高效率地学习。

1. 听适合的音乐

研究表明，轻柔的古典音乐能够促使我们体内分泌出适合学习的化学物质，使我们轻松学习。人在一天中会出现不同的生理曲线，有针对性地选择合适的音乐对人的学习和思考会有很大帮助。例如，节奏舒缓的音乐可以帮助我们进行创造性的思考，古典音乐有利于智力的开发。采用主题音乐可以帮助我们汇总知识点、记忆课文内容。钢琴曲能使大脑放松，学习累了可以听莫扎特、肖邦、舒曼等人的钢琴曲，如《水边的阿蒂丽娜》《秋日私语》《海边的祈祷》等。如果想边看书边听音乐，那就最好听些轻音乐，例如《天空之城》的主题曲、《卡农》、《月光》（班得瑞）、《初雪》（班得瑞），非常舒缓，可以缓解精神压力，集中注意力。研究表明，这些音乐的频率可以使大脑处于放松活跃的状态，使身体和头脑和谐一致，特别是它能打开通向超级记忆情绪的通道——大脑的边缘系统。

把音乐作为辅助学习的手段，作为学习的伙伴，不但可以促进学习，而且可以陶冶情操、涵育品格。

2. 做健脑操

做健脑操是友善用脑的一个重要体现。健脑操能够缓解人的压力，左右交叉运动能够促使左右脑和谐、快速沟通，让思维高速运转。在我们学习的间歇，花几分钟做做健脑操，不但不会影响学习，反而会提高学习效率。健脑操有很多种，如手部健脑操、交叉爬行健脑操等。

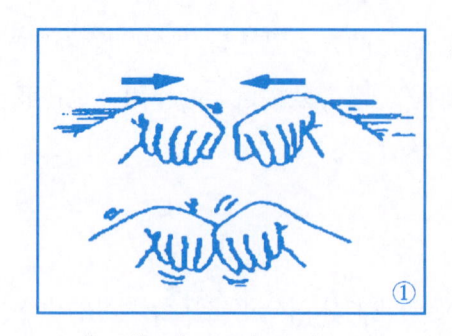

第一节：虎口平击36次。 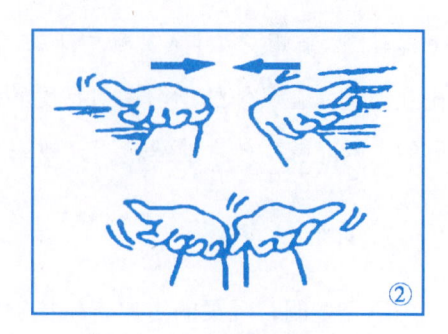　　　　　　第二节：手掌侧击36次。

第三节：手腕互击36次。 　　　　　　第四节：虎口交叉互击36次。

第五节：十指交叉互击36次。 　　　　第六节：左拳击右掌心36次。

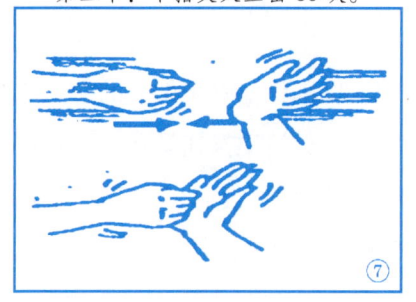

第七节：右拳击左掌心36次。 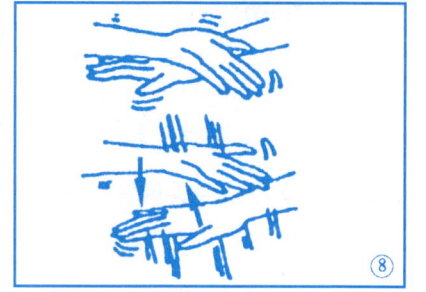　　　　第八节：双手手背互击36次。

手部健脑操步骤示意图

3. 冥想

经常做做冥想也是一种可行的健脑方法。伴随着轻柔的音乐，闭上双眼，在轻松愉悦的环境中，再造事物的形象，回忆整个学习过程，将知识和情节联系起来。这种方法既简单又实用，不但能使友善用脑的学习动静结合，舒缓有度，而且能够令我们感到学习的轻松和快乐。

4. 利用多种感官参与

一切学习都是从感官开始的，没有感官的参与就没有学习。不同的感官有不同的感受效果，将不同感官作用于我们的学习，不仅变换了学习的方式，而且整合了信息接收的功能。例如，认识某一植物，我们可以通过看、摸、画、闻、说等多种形式了解它的特点。学习语文阅读理解，我们可以采用读出来、演出来、说出来、写出来、画出来、讲出来等多种形式。调动多种感官参与学习活动，更有效地激活大脑，把枯燥的事实变得多姿多彩。我们参与程度越高，接受程度就会越高。

只听不看，学习效果不会好。比如，只给你介绍某种珍奇动物的身体特征、生活习惯，不让你看到，你能全面认识这种动物吗？

只看不听，学习效果也不够好。比如，我们到一个地方去参观，导游就只让你看，不给你作任何讲解，你能对参观的内容了解多少？

既看又听但不去做，学习效果还是不够理想。比如，学游泳，教练给你讲了很多游泳知识和技巧，让你看很多游泳名将的游泳视频，就是不让你下水去游，你能有好的游泳成绩吗？肯定不能。

学习也是如此，我们要用眼睛去看，用耳朵去听，用嘴巴去说，用手去做，用脑子去想，尽可能地调动所有感觉器官参与学习活动，使信息大量地、潜移默化地存贮于大脑之中，使信息从多方面形成联系，以提高学习效率。

学习不仅要用自己的脑子思考,而且要用自己的眼睛看,用自己的耳朵听,用自己的嘴巴说,用自己的手操作,以及用自己的身体去经历,用自己的心灵去感悟。在多种感官的刺激下,亲身体验的直接经验才是我们自己的学习成果。

当你与别人分享你所学到的知识时,这个过程将极大地帮助你加深对知识的记忆与理解。这是因为当你努力去复述你所学到的知识时,储存记忆的神经元之间的连接被增强了,这使得之后再度回忆起这些知识变得更容易和迅速。如果你没有合适的分享或讨论对象,可以用另外一种方式去实现,即在你学习某个知识的时候,自己多设计一些关于这个知识点的问题,并试着自己给出答案,感觉讲不明白的时候,再复习相关内容。

经常给同学讲讲题吧,它的效果不只是让同学喜欢你哦!

5. 以自己的方式学习

我们是有差异的个体,每个人的学习风格是不同的。学习风格是指一个人常用的处理资讯的方式,也就是一个人在记忆、思考、解决问题时惯用的思维方式。不同的人因身体、心理及不同的成长环境和先天智慧,对事物的认知和接受的方法及能力都不同,学习方法也不同。有些人用这一种方法会学得好，有些人用另一种方法会学得更好。有些人主要是视觉学习者，喜欢看照片、图画；有些人是听觉学习者，喜欢听故事、音乐；有些人是触觉学习者，通过触摸会学得更好；还有些人是动觉学习者，通过移动身体或其他动作会学得更好；等等。克里斯蒂·沃德认为有视觉型、听觉型、动觉型、综合型、分析型五种学习倾向。如果我们找到自己的优势类型，根据自己的特点，选择自己的优势来学习，就可以收到较好的学习效果。

6. 画思维导图

思维导图又叫心智导图、概念地图、树状图、树枝图或思维地图，是一种表达发散性思维的图像式思维工具及思考辅助工具，简单却又极其有效。思维导图运用图文并重的技巧，把各级主题的关系用相互隶属与相关的层级图表现出来，把主题关键词与图像、颜色等建立记忆链接。思维导图充分运用左右脑的功能，利用记忆、阅读、思维的规律，协助人们在科学与艺术、逻辑与想象之间平衡发展，从而开启人类大脑的无限潜能。

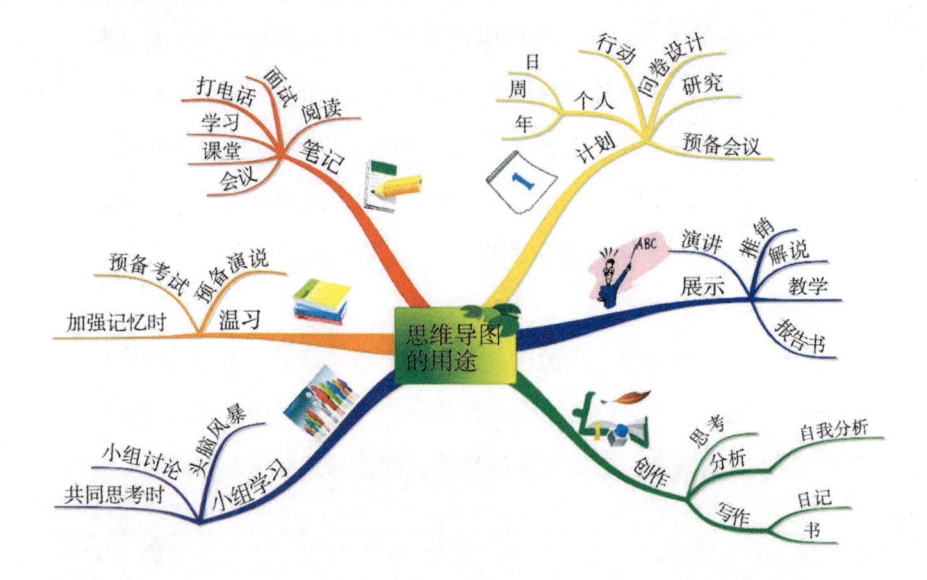

怎样做思维导图

思维导图可以自己动手画,也可以借助基本软件进行电脑画图。

绘制思维导图并不复杂,注意一些绘制思维导图的技巧要求,便于我们更好完成,具体步骤如下:

第一步:从白纸的中心开始画,周围要留出空白。绘画时,应先从图形中心开始,画一些向四周放射的粗线条。每一条线都使用不同的颜色,这些分支代表你的主要思想。在绘制思维导图的时候,你可以根据需要添加分支。在每一个分支上,用大号的字清楚地标上关键词,这样,当你想到这个概念时,这些关键词立刻就会从大脑里跳出来。

第二步:用图像、图画或词语表达你的中心思想。绘图时,尽可能地使用多种颜色,颜色和图像一样能让你的大脑兴奋。它能让你的思维导图增添跳跃感和生命力,为你的创造性思维增添巨大的能量。此外，自由地使用颜色绘画本身也非常有趣。

第三步：连接中心图像和一级分支，然后再连接一级分支和二级分支，接着再连二级分支和三级分支，依次类推。

第四步：用曲线连接，不要使用直线连接。你的大脑会对直线感到厌烦。曲线和分支，就像大树的枝杈一样，更能吸引你的眼球。要知道，曲线更符合自然，具有更多美的因素。

第五步：每条线上注明一个关键词。思维导图并不完全排斥文字，它更多的是强调融图像与文字的功能于一体。一个关键词会使你的思维导图更加醒目，更为清晰。每一个词语和图形都像一个母体，繁殖出与它相关的、互相联系的一系列"子代"。

做思维导图时，它的分支是可以灵活摆放的，除了能理清思路，还要考虑合理地利用空间。你可以在画图时思考哪条分支的内容会多一些，哪条分支的内容会少一些，把内容较多的分支与内容较少的分支安排在纸的同一侧，这样就可以更合理地安排内容的摆放了，整幅画看起来也会很平衡。

练习与拓展

一、试一试

请试着用思维导图的方式，把这节的内容总结一下吧。草图画出来以后，还要进行精心的修改。别忘了把你的思维导图和同学分享哦，看看还有什么需要补充的，他们一定会为你的用心点赞的！

二、测一测

测测你的学习方式属于哪种类型

请给下列各题作"是"与"否"的回答，答案没有对错之分，按自己的情况作答就好。

1. 考试时，你一看到题目就马上答卷吗？　　　　　　　　　　（　　）

2. 你觉得出声读书比不出声读书更容易记住吗？　　　　　　　（　　）

3. 在做计算题时，你是边分析题意边做的吗？　　　　（　　）

4. 一听收音机或录音机，在你眼前就会浮现出形象的场面吗？（　　）

5. 在接连不断地解题时，你是否精神涣散、注意力不集中？（　　）

6. 学习时，你一看图解和表格，就能容易地记住内容吗？（　　）

7. 你是否因为怕羞而认为自己不好？　　　　（　　）

8. 你是否认为看课本和参考书比听人讲解更容易理解？（　　）

9. 你是否从事情的结果上来判断事情的好坏？（　　）

10. 你看过课本上的插图和表格之后，它们会清楚地浮现在你的眼前吗？
　　　　　　　　　　　　　　　　　　　　　　　　（　　）

11. 你是否不注意生活细节，举止随便？（　　）

12. 你对你的英语听力很得意吗？（　　）

13. 你是否先判断问题的对错，再着手解决？（　　）

14. 你在记歌词时，是否觉得听比看文字更容易记住？（　　）

15. 你是否总是把失败放在心上？（　　）

16. 你是否感到会读的汉字或英语单词比不会读的更易记住？（　　）

评分与解释：

第2、3、4、7、12、13、14、15、16题选"是"记0分，选"否"记2分；其他题目选"是"记1分，选"否"记0分。将题号为奇数的题目得分相加，再将题号为偶数的题目得分相加。其中奇数题测的是认知型学习方式的类型，偶数题测的是记忆型学习方式的类型。

你的奇数题得分：

0～3分：表明你的认知型学习方式为思考型，即解决学习中的问题倾向于深思熟虑，不草率用事。

4～8分：表明你的认知型学习方式为中间型，即介于思考型与冲动型之间。

9～12分：表明你的认知型学习方式为冲动型，反应敏捷、迅速，但往往考虑不周，错误较多。

你的偶数题得分：

0~4分：说明你的记忆型学习方式为听觉型，即你的听觉记忆占优势，听过的东西比看过的东西容易记住。

5~8分：表明你的记忆型学习方式为中间型，即介于听觉型与视觉型之间。

9~13分：表明你的记忆型学习方式为视觉型，即你的视觉记忆较听觉记忆好，看过的东西比听过的东西更容易记住。

三、演一演

下面的心理剧是关于友善用脑的，和同学一起演一演，相信你会有很多感受和启发。

故事梗概：四年级学生张强学习方法不好，学习状态和成绩都受到影响，在老师和同学的帮助下，他注意友善用脑，学会画思维导图，收到了很好的效果。

教室里

人物：张强　刘彤　王扬　小海　同学A

张强：（坐在课桌旁做题，眉头紧锁）这道题我都不会，我怎么那么笨啊？！一定要会！哦，我会了，就是这样做！

王扬：张强，这道题这么难你都做完了，太棒了！我不会，你帮我讲讲吧！

张强：我……（低头略微思考）作业还没做完呢！

王扬：你就帮我讲讲嘛！

张强：我作业还没做完呢，你问别人吧！

王扬：（回到座位上，拿起笔和本子，认真解题，还是不会）我还不会，怎么办啊？

刘彤：王扬，这个题要这样解。（开始讲题）

（两人一起做题的样子）

小海：张强，听说你有一本很好的作文指导书，借我看一下吧！

张强：你作文那么好，还用看作文指导书啊，我还没看完呢！（自言自语）

同学A：张强，下课了，咱们出去玩吧！

张强：我还要学习，我不去了！

王扬：张强，看你都困了，下课了出去活动一下吧！

张强：我还要背单词，不去了！

操场上

旁白：月考的时候，王扬、刘彤成绩特别好，而张强却很差。

张强：（非常难过，自言自语）我那么努力，怎么还学不好？我怎么办呢？

（心理委员刘彤看到了，默默地走到张强身边坐下来）

刘彤：张强，你在这儿做什么呢？

张强：（抬头）我……（两人对看）

刘彤：你是不是有什么不开心的事啊？瞧你这一副失魂落魄的样子。（做认真状）

（张强抬头看向刘彤，欲言又止）

刘彤：好歹我也是个心理委员，有什么话就跟我讲讲嘛！或许讲出来就舒服了。（拍胸脯，表自信）

张强：原来咱们学习差不多，可现在我比你和王扬差很多。你老给别人讲题，耽误了时间，课间王扬老出去玩，而我还在努力学习，可是你们成绩都比我好，我不知道为什么……（委屈、痛苦）

刘彤：因为这啊，先别急。你觉得你的学习方法好不好？

张强：学习方法，我没想过。我就知道要好好学习，别浪费时间。

刘彤：学习不能只靠时间，还要看学习方法，比如你上课老困，说明睡眠不足。你晚上熬夜吗？

张强：有时候会熬夜。

刘彤：课间同学们都出去玩，这样可以呼吸新鲜空气，让大脑放松一下，下一节课的效率就高。还有，我老给同学讲题，其实这就是我最好的复习方法。

张强：(疑惑地) 给他们讲题不耽误你的时间吗？

刘彤：是会耽误一些时间，但是每回讲题，又看又说又听，我就又记忆一遍，而且讲的过程能够让我的思路更加清晰，帮助别人也提高了自己，何乐而不为呢！

张强：那你还有什么学习方法？

刘彤：很多啊，比如我学习累了，就做几节健脑操，看书的时候听些轻音乐或舒缓的钢琴曲，这样能帮助我集中注意力，提高学习效率。还有，我每天、每周都自己复习近期学过的知识，而且妈妈教我用思维导图来整理、归纳知识点，特别好用。

张强：这么多方法啊，你教教我吧，先教我怎么画思维导图。

刘彤：好，咱们一起整理今天学习的知识吧！

张强：好，再叫上王扬他们，再把我的作文指导书带上，大家一起看！

刘彤：太好了，一言为定！

张强：一言为定！

（谢幕）

迎难而上我不愁——问题解决

刘悦是一名六年级的小学生，学习成绩在班里、年级中都很突出，她是老师们的得意门生，同学们心中羡慕的对象。刘悦平时学习稳扎稳打，考试时也没有什么压力。可在六年级第一学期期末考试中，刘悦在没有任何异常感觉的情况下考场失利，其中一科成绩刚刚超过年级平均分……

我们知道，试题是由老师设定的有待解决的问题组成，考试成绩与同学们的知识积累、临场发挥的有效性密切相关，那么除此以外，影响问题解决的因素还有哪些？有关问题解决的理论又有什么？解决问题的一般过程有哪几步？有效解决问题的良方都有什么呢？

问题解决是按照一定的目标，经过一系列的思维操作，使问题得以解决的过程。掌握问题解决的方法，可以让我们从劣势中寻找到优势，使看似无法解决的问题得以迎刃而解。

田忌赛马

齐国的大将田忌很喜欢赛马，有一回，他和齐威王约定，要进行一场比赛。各自的马都可以分为上、中、下三等。比赛的时候，齐威王总是用自己的上等马对田忌的上等马，中等马对中等马，下等马对下等马。由于齐威王每个等级的马都比田忌的马强一些，所以比赛了几次，田忌都失败了。

有一次，田忌又失败了，觉得很扫兴，比赛还没有结束，就垂头丧气地准备离开赛马场。孙膑看着垂头丧气的田忌，说："你再同他赛一次，我有办法能让你赢他。" 田忌疑惑地看着孙膑，说："你是说另换一匹马？" 孙膑摇摇头说："一匹马也不需要更换。" 田忌半信半疑，而孙膑却显得胸有成竹。田忌向屡战屡胜、得意扬扬的齐威王提出再赛一次。齐威王心里暗暗发笑，轻蔑地说："那就开始吧！" 一声锣响，比赛开始了。 孙膑先让田忌用下等马对齐威王的上等马，第一局田忌输了。齐威王站起来说："想不到大名鼎鼎的孙膑先生竟然想出这样拙劣的对策。" 孙膑不去理会。接着进行第二场比赛，孙膑让田忌用上等马对齐威王的中等马，获胜了一局。 齐威王有点慌乱了。第三局比赛，田忌用中等马对齐威王的下等马，又战胜了一局。这下，齐威王目瞪口呆了。 比赛的结果是三局两胜，田忌赢了齐威王。

在故事中，田忌比赛所用的还是之前的马，只是调换一下比赛的出场顺序，就得到转败为胜的结果。

关于"问题解决"还有很多有意思的理论和实验，下面就一起来看一看吧。

有关问题解决的理论

问题有简单与复杂之分,解决问题的过程也有简单与复杂之分。不同的学习理论从各自的视角对问题解决的过程有独到的看法。

1. 试误说

试误说即问题解决首先要通过一系列的盲目操作,不断地尝试错误,发现一种解决问题的方法,直至后来在面临相同问题时,能迅速做出反应解决问题。

美国著名的教育心理学家桑代克(E. L. Thorndike)曾做过许多动物学的实验,其中让饿猫逃出"问题箱"是他的经典实验之一。

实验具体情况是这样的:桑代克用木条钉成的箱子里有一块能打开门的脚踏板。当门开启后,猫就可以逃出箱子,并能得到箱子外的奖赏——鱼。实验开始了。一开始,饿猫进入箱子中,只是无目的地乱咬、乱撞,

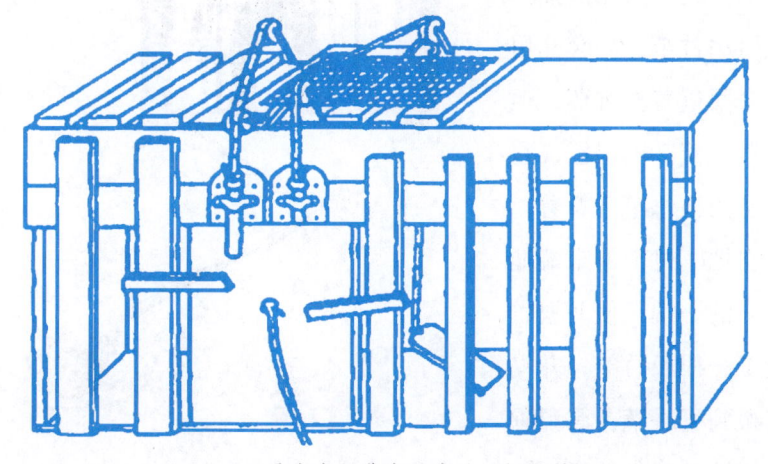

桑代克经典实验中的"问题箱"

后来偶然碰上脚踏板，饿猫打开箱门，逃出箱子，得到了食物。接着，在第二次相同的实验中，桑代克再把饿猫关在箱子中，如此多次重复，最后，猫一进入箱中即能打开箱门。由此，桑代克得出了一个非常重要的结论：猫的学习是经过多次的试误，由刺激情境与正确反应之间形成的联结所构成的。

桑代克还认为学习的过程是一种渐进地尝试错误的过程。在这个过程中，无关的、错误的反应逐渐减少，而正确的反应最终形成。根据他的这一理论，人们称他的关于学习的论述为"试误说"。

2. 顿悟说

顿悟说是人和动物在遇到问题时，通过观察，突然找到解决问题的方法并解决问题。德裔美国心理学家沃尔夫冈·柯勒（Wolfgang Kohler）曾用实验证明此观点。

柯勒将黑猩猩放在笼子里，笼子外面放着黑猩猩喜欢的食物，食物与笼子之间放有竹竿。最初只见黑猩猩一会儿用小竹竿，一会儿用大竹竿来回试着拨香蕉，但怎么也拨不着。不得已，它只得拿着两根竹竿飞舞着，突然，它把小竹竿的末端插入大竹竿的一端，使两根竹竿连成了一根长竹竿，并马上用它拨到了香蕉。黑猩猩为自己的这一"创造发明"

大猩猩解决接竿问题

而高兴,并不断地重复这一接竿拨香蕉的动作。在第二天重复这一实验时,柯勒发现黑猩猩很快就能把两根竹竿连起来取得香蕉,并不是漫无目的。

柯勒通过对黑猩猩上述行为的分析,发现黑猩猩在面对问题情境时,在初次获取食物的行为不成功之后,并未表现出盲目的尝试,而是坐下来观察,后来突然显出了领悟的样子,并随即采取行动,顺利地解决了问题。这就是所谓顿悟。

问题解决的过程

我们通常把问题解决划分为以下四个阶段:建立问题表征、选择方法、执行策略和评价反思。

不要以为这四个阶段很难理解,下面的内容可以让你很轻松地认识它们!

1. 建立问题表征

建立问题表征可以理解为问题解决者对问题的认识,也就是按照自己理解的方式对问题在头脑中进行重新记忆和储存。

常用的外在表征形式有记录问题、绘制图表、列树状图、建立操作模型等。

	个人奖	团队奖
一等奖	2人	1个
二等奖	5人	2个
三等奖	10人	3个

记录问题　　　　　　　　　　绘制图表

列出树状图　　　　　　　　　　　建立操作模型

这里重点为大家介绍以下两种表征形式：

(1) **记录问题**。如：15×17=？完全在头脑中计算，将是一件比较困难的事情，如果将它写下来，便可以减轻记忆负担。

(2) **建立操作模型**。如：有3个探险家和3个野人相遇，他们要渡过一条河，但只有一条能装下2个人的船，在河的任何一边或者船上，如果野人的人数大于探险家的人数，那么探险家就会有危险，请找出一种安全的渡河方法。我们可以用3块橡皮代表探险家，用3根铅笔代表野人，然后操纵建立起来的模型。这样问题解决起来就容易多了。

2. 选择方法

在对问题有所认识后，必须通过选择适当的方法解决问题。如果问题相对简单，就可以直接选择适当的解决方法。但若问题比较复杂，解决方法难以直接选择或不为问题解决者所知，就要使用更为复杂的搜索策略。

3. 执行策略

执行策略是我们实际运用所选择的方法解决问题的阶段。这一环节，存在着很大的个体差异：有的人可能应用策略相当熟练，可以迅速正确地解决问题；有经验的人可以在应用中发现策略是否恰当并迅速做出改变；有的人则可能首次使用该策略，由于粗心，容易出现一些错误。

4. 评价反思

评价反思是问题解决的最后环节。这一环节既可以对获得结果进行检查，检验推理是否合理，答案是否正确，还可以从该问题解决过程中得到一些值得借鉴的经验和教训。后者往往在实践中容易被忽视。

影响问题解决的因素

我们先来看一个小故事：

在一次讨论会上，有一位老师要向大家介绍他的科研成果。刚开始的时候，他就发现第一张幻灯片在屏幕上的位置太低了，于是大家就帮他想办法。一位教授大声问大家："谁有一本书或是其他什么东西？"有个人说他有一本书，那位教授又对大家说："不行啊，这本书太厚了，这样幻灯片的位置就会太高了。有没有薄一点儿的？"于是大家又赶紧找薄一点儿的书。过了一会儿，另一位教授喊道："天哪！我简直不敢相信！"

同学们，你们谁能猜到这位教授不敢相信什么？

只见这位教授走到幻灯机前，拿起那本书，从中间翻开，垫在幻灯机下面。随后他看了看所有的人，摇着头说："我简直不敢相信，这一屋子的博士中，居然没人想到把书翻开！"

这个小故事告诉我们：问题能否得到解决与它的影响因素有关。具体来说，影响问题解决的因素有呈现刺激的模式、问题的表征方式、思维定式、功能固着、酝酿效应、动机、知识和经验等。

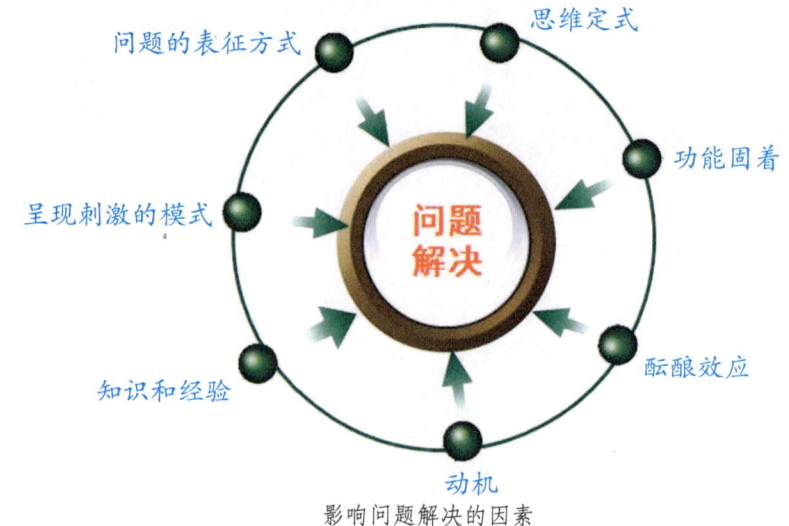

影响问题解决的因素

(1) 呈现刺激的模式。如下图所示，已知正方形的内切圆的半径为2cm，求红色部分的面积。

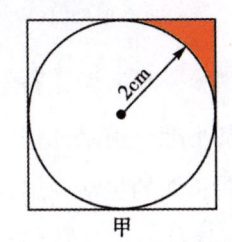

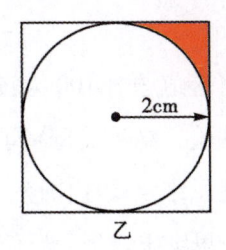

甲　　　乙

同学们是不是觉得乙比甲更容易看出圆的半径与正方形的关系，问题较容易解决呢？

(2) 问题的表征方式。如下图所示，用六根火柴搭成四个等边三角形。

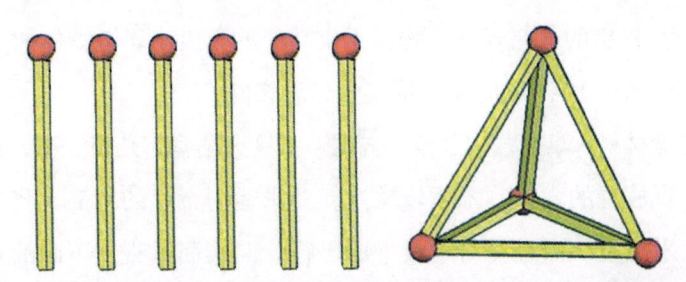

看似简单的题，做起来并不容易，突破的关键是将6根火柴架成立体。

(3) 思维定式。思维定式也称"惯性思维"，是由先前的活动而造成的一种对活动的特殊的心理准备状态，或活动的倾向性。在环境不变的条件下，思维定式可以让人们用已掌握的方法迅速解决问题。而在情境发生变化时，它则会妨碍人们采用新的方法。因此，消极的思维定式是束缚创造性思维的枷锁。

公安局局长在茶馆里与一位老头下棋，正下到难分难解之时，跑来了一个小孩，小孩着急地对公安局局长说："你爸爸和我爸爸吵起来了。"老头问："这孩子是你的什么人？"公安局局长答道："是我的儿子。"请问：这两个吵架的人与公安局局长是什么关系？

（答案：公安局局长是女的；吵架的一个是她的丈夫，即小孩的父亲；另一个是公安局局长的父亲，即小孩的外公）

有人曾将这道题对 100 人进行了测验，只有两人答对；后来对一个三口之家进行测验，结果父母猜了半天拿不准，倒是他们的儿子（小学生）答对了。这是思维定式在作怪。成人在长期的生活中容易形成固定的思维定式，而孩子思维未定型，反而更容易答对。

在问题解决过程中，如果以前曾以某种方法解决某类问题并多次成功，则以后遇到同类问题，也会重复用同样的方法。

（4）**功能固着**。功能固着这个概念是由德国心理学家邓克尔（Karl Danker）提出的，指仅仅从物体正常功能的角度来思考物体的思维定式。

邓克尔在 1945 年的实验证实了这种影响。

实验材料：桌上放有 3 支短蜡烛，3 只火柴盒，几根火柴，几枚图钉，一块竖直放置的木板（木质较软）。要求运用桌上的物品，将 3 支蜡烛固定在软木板上，而且要与木板平面平行，与桌面垂直。不同的是，被试者中有一些分到的是放在火柴盒里的材料，另一些人分到的东西都已经散到桌子上，火柴盒呈空状。

答案很简单：划着火柴，将蜡烛底部烫热熔化，再往火柴盒上一粘，这样，烛油冷却凝固以后，蜡烛就与火柴盒粘连在一起了。最后，将火柴盒用图钉钉在木板上。火柴盒变成了烛台，问题就迎刃而解了。

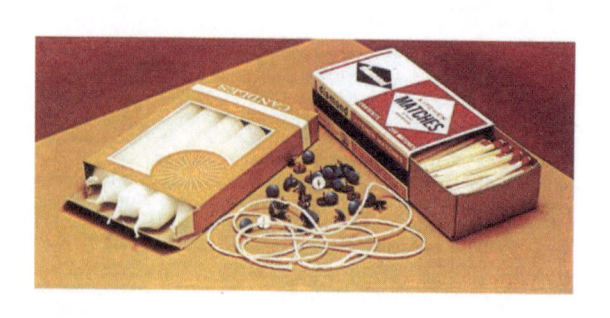

通过实验发现，把东西放在火柴盒里，会使问题解决变得困难，20分钟内只有 20% 的被试者能正确解决问题。而让火柴盒空着时，正确解决问题的达到了 86%。这个实验证明在解决问题的过程中功能固着起了干扰作用。

(5) 酝酿效应。有时候学习者尽力去解决一个复杂的或者需要创造性思考的问题时，无论多么努力，还是不能解决问题。这时，暂时停止对问题的积极探索，可能就会对问题解决起到关键作用，这种暂停就是"酝酿效应"。酝酿效应来源于阿基米德对浮力定律的发现。

在古希腊，国王让人做了一顶纯金的王冠，但他又怀疑工匠在王冠中掺了银子。可问题是这顶王冠与当初交给金匠的金子一样重，谁也不知道金匠到底有没有捣鬼。国王把这个难题交给了阿基米德。阿基米德为了解决这个问题冥思苦想，他起初尝试了很多方法，但都失败了。

有一天他去洗澡，他一坐进澡盆里，便看到水往外溢，同时感觉身体被轻轻地托起。他恍然大悟，最终运用浮力原理解决了国王交给的难题。

不管是科学家还是一般人，在解决问题的过程中，我们都可能发现"把难题放在一边，放上一段时间才能得到满意的答案"这一现象。古代诗词说"山重水复疑无路，柳暗花明又一村"正是这一现象的写照。

（6）**动机**。一般情况下，当人具有问题解决的中等强度的动机时，人的思维才活跃，才能以积极的态度去寻求问题解决的途径、方法，解决问题的效率最高。

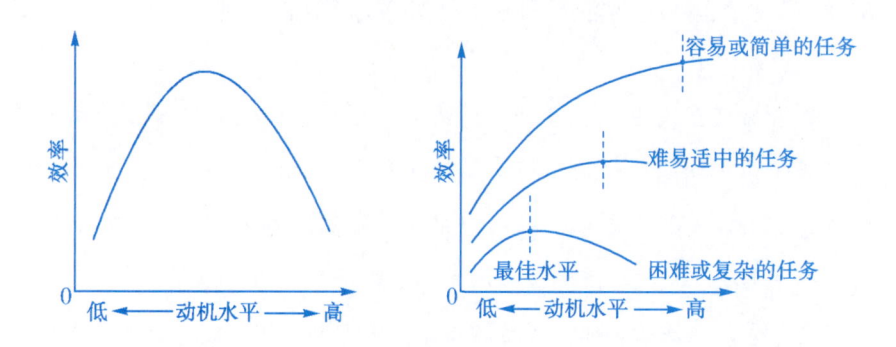

（7）**知识和经验**。已有知识和经验的质与量都影响着问题的解决。与问题解决有关的知识和经验越多，解决该问题的可能性就越大。可以说，拥有某一领域丰富的知识和经验是有效地解决该领域问题的基础。知识和经验的关系就像理论与实践的关系一样，解决问题时要将二者结合起来。

迎难而上——问题解决的具体方法

1. 算法式

算法是解决问题的一套规则，清楚精确地指明了解决问题的具体步骤。如：一个圆的半径为 r，求其面积。只要根据圆的面积计算公式 $S=\pi r^2$ 即可。其中，圆的面积计算公式就是一个算法。对于学习中数学题的求解和证明等，通常算法式策略是有效可行的。

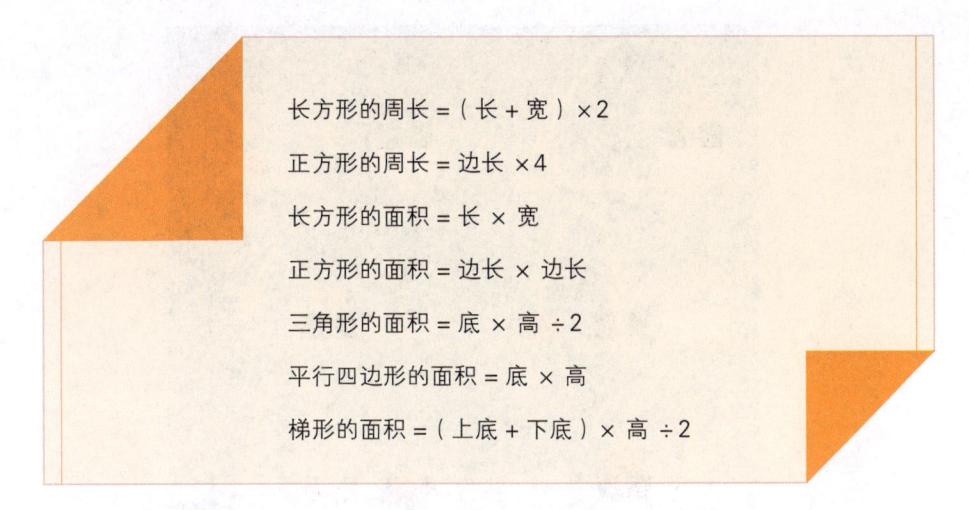

> 长方形的周长＝（长＋宽）×2
>
> 正方形的周长＝边长×4
>
> 长方形的面积＝长×宽
>
> 正方形的面积＝边长×边长
>
> 三角形的面积＝底×高÷2
>
> 平行四边形的面积＝底×高
>
> 梯形的面积＝（上底＋下底）×高÷2

你还记得哪些公式？

2. 启发式

启发式是凭借经验、窍门以解决问题的方法，有时也称为经验规则。人们使用较多的启发式策略有手段—目的分析法、逆推法、类比法和简化法等。

(1) **手段—目的分析法**。手段—目的分析法就是将总目标分解为子目标，大目标分解成小目标，各个击破，最终实现总目标。如河内塔问题：如下图所示，请把圆盘从 1 号木棒上移到 3 号木棒上，移动规则：①一次只能移动一个圆盘；②小的圆盘必须放在大的圆盘上面。

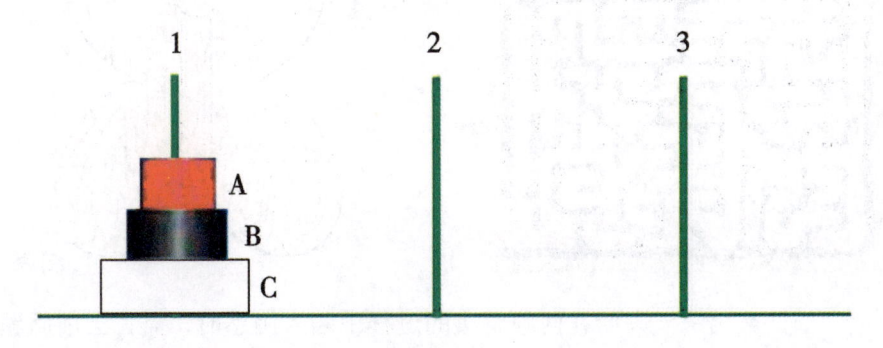

运用手段—目的分析法按下图操作即可：

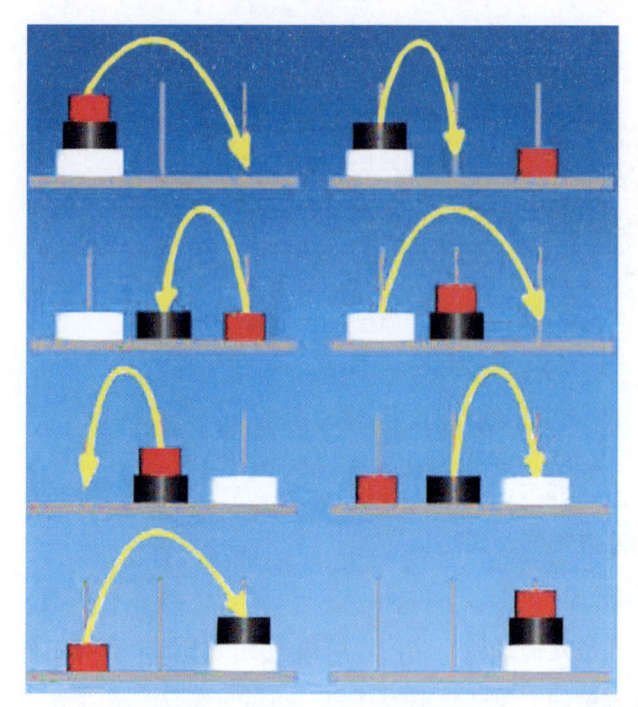

(2) **逆推法**。逆推法是从目标出发，反方向推导，适合用于解决从初始状态出发有多种可能，但对目标而言只有一种可能方法的问题。如玩迷宫游戏时，往往采用逆推法策略。

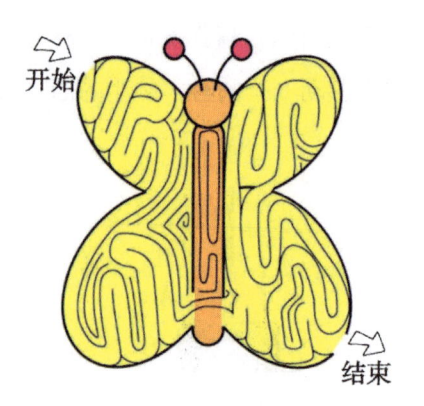

(3) **类比法**。人们在问题解决的过程中陷入困惑时，需将当前问题

与一些结构类似、内容不同的问题进行类比，或者在两者之间进行某种形式的比喻，揭示这两种问题的相通之处，这样做有助于得出问题的答案。

声呐技术的发明就是类比的产物。当人们发明潜艇后，工程师们就思考如何让舰艇确定潜艇在海下的隐藏位置。通过比较，发现蝙蝠运用声波来探测前方物体的机制可以解决这一问题。科学家发明了"声呐"。声呐这个词是英语缩写的音译，其原意是"声导航和定位"。声呐是海洋中的"千里眼"和"顺风耳"。有了它不仅可探测远处的轮船、潜艇，而且还可用来探测海洋中的鱼群、沉船、冰山及水下资源。

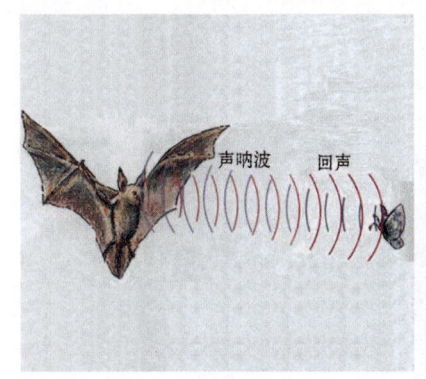

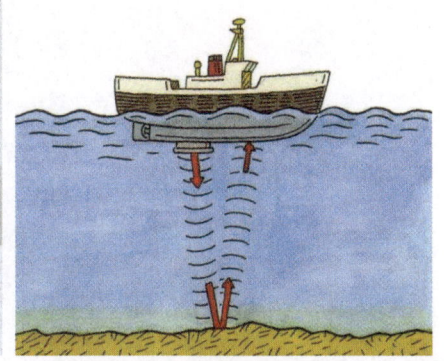

蝙蝠的超声波　　　　　　利用声呐技术探测海底

练习与拓展

一、想一想

人生就是解决一系列问题的过程。克服生活、学习、实践中新的矛盾时的复杂心理活动也是问题解决的过程。

请回忆一下，在你的成长历程中，你在处理问题时，都使用过哪些方法？效果如何？通过今天的学习，如果面对同样的事情，你是否还会用相同的方法去处理？

需解决的问题	曾采用的处理方式与效果	再次处理方式
走迷宫	方式：从起点开始，多次尝试 效果：能走到终点，但费时较多	方式：采用倒推法，从终点向起点走

二、做一做

请运用本节学到的方法解决下列问题。

1. 有一个聋哑人到五金店买钉子，但无法说话，只好做了个敲钉子的动作，店员看明白后，就将钉子卖给了他。紧接着，又进来了一个想买剪刀的盲人，请问：他该怎么办？

2. 玻璃瓶里装着橘子水，瓶口塞着软木塞。既不准打碎瓶子、弄碎软木塞，又不准拔出软木塞，怎样才能喝到瓶里的橘子水？

3. 有一棵树，树下面有一头牛被一根 2 米长的绳子牢牢拴住鼻子，牛的主人把饲料放在离树恰好 5 米之外就走开了。牛很快就将饲料吃了个精光。牛是怎么吃到饲料的？

4. 小明家住在北京西单附近，要在首都机场 T3 航站楼乘坐 11:30 起飞的航班去旅游。请问：小明几点从家里出发呢？

5. 下图中显示的是一个残缺的国际象棋棋盘，它有两个角被切掉了，现只剩下 62 个正方形。假若你有 31 张骨牌，每一张恰好可以遮盖棋盘上两个正方形，你是否能够用骨牌把这个棋盘上的所有部分盖住呢？请用几分钟时间试试看。

（提示：1. 因为盲人是可以说话的。 2. 把木塞推进去。 3. 牛没有被拴在树上。 4. 这道题要采用倒推法。一般我们要距离飞机起飞前两小时到达机场。小明只要算好从家到机场需要的时间即可得出答案）

人生最美的姿态——学会阅读

高尔基曾说:"书籍是人类进步的阶梯。"普希金也曾说过:"人的影响短暂而微弱,书的影响则广泛而深远。"阅读,是一座灯塔,为我们指明航行的方向;阅读,是一缕阳光,为我们照亮人生的旅程。

"阅读"是世界上门槛最低的高贵举动,是我们搜集处理信息、获取知识、认识世界、发展思维和获得审美体验的重要途径,也是培养我们综合能力的重要方式。

你一定知道每年的 4 月 23 日是什么节日,对了,是世界读书日。可是,你知道它的来历吗?设立世界读书日的建议是由西班牙提出的,其灵感源自西班牙加泰罗尼亚地区的一个传说:美丽的公主被恶龙困于深山,勇士乔治只身战胜恶龙,解救了公主,公主回赠给乔治的礼物是一本书。从此书成为胆识和力量的象征。1995年，联合国教科文组织宣布4月23日为"世界读书日"。每到这一天，加泰罗尼亚的妇女们就赠送丈夫或男朋友一本书，男人们则会回赠一枝玫瑰花。巧合的是，这天是著名作家塞万提斯、莎士比亚、维加三位著名文学大师的辞世纪念日，又是美国作家纳博科夫、法国作家莫里斯·德鲁昂、冰岛诺贝尔文学奖得主拉克斯内斯等多位文学家的生日。巧合之外，则是人们对书籍的热爱和对阅读重要性的深层认识。

国内外的阅读传统

1. 我国的阅读传统

我国自古以来就不乏用功读书的事例。教育家孔子喜欢研究《周易》，反复翻看，以至于连接竹简的牛皮绳断开了很多次。西汉学者匡衡贫而好学。夜晚无灯，为了能借邻家的烛光读书，他在墙壁上凿了个洞。当地一个大户人家有许多藏书，匡衡就到他家去做工，但他不要报酬。主人很惊奇，问他为什么，他说："我想得到主人的书，全部读完它。"主人很受感动，就用书作报酬资助他。后来，匡衡成了一个知识渊博的学者。历史上像"头悬梁，锥刺股""囊萤映雪""焚膏继晷"之类的故事举不胜举。时至今日，我们国家又在大力提倡"全民阅读"，号召人们通过阅读获取知识、传承文化，从阅读中获取智慧和力量。

2. 犹太人的阅读传统

犹太民族酷爱读书，被誉为"读书的民族"。热爱学习、崇尚读书在犹太民族中蔚然成风。

据说，犹太人家庭往往会问孩子这样一个问题："假如有一天你的房子被烧毁，你的财产被抢光，你将带着什么东西逃命？"如果孩子回答是金钱或钻石，家长将进一步问："有一种没有形态、没有颜色、没有气味的宝贝，你知道是什么吗？"要是孩子回答不出来，家长就会说："孩子，你要带走的不是金钱，也不是钻石，而是智慧。因为智慧是任何人都抢不走的，你只要活着，智慧就永远跟着你。"

犹太人家庭有一个世代相传的传统，那就是书橱一定要放在床头，要是放在床尾，会被认为是对书的不敬，会遭到人们的鄙视。犹太人爱书，书损坏了一定要修补。古代犹太人将书翻看得破旧得不能再看了，就挖个坑庄重地将书埋葬，这时候他们的孩子总是要参与其中。他们对孩子说："书是人的生命。"

犹太人的读书传统给我们很多启发，让我们从中了解了很多以前迷惑不解的东西。

3. 德式阅读

德国可以算是民富国强，背后也有一种文化力量在推动着，那就是阅读的力量。到底什么是德式阅读？

在德国，读书几乎是全民都喜欢的一件事，无论男女老少。他们认为读书可以锻炼独立思考和解决问题的能力，而他们主动学习和终身学习的想法，促使他们不断地阅读。

此外，德国人认为，阅读关乎国家未来，经常性地大量阅读，能够使青少年更好地掌握读书技巧，迅速提高理解能力和思考能力。所以除了家长和学校的督促，政府也把阅读视为一项儿童启蒙的社会工程。

在德国，父母从孩子出生就开始培养他们对书籍的兴趣。很多孩子人生的第一个玩具就是图书。父母还会在每天睡前为他们读书或和他们一起阅读。德国的小学生每天上课时间并不多，而图书馆会在课余时间为他们举办各种朗读活动。中学时代老师会布置主题性作业，需要学生阅读大量材料和书籍来完成作业。

几乎每一个德国家庭都有书架，或设在书房，或摆放于客厅，似乎成为家里的一件装饰品，很多德国人书架上的书，他们几乎全部都阅读过。他们认为，一个家庭没有书籍，等于一间房子没有窗户。

70%的德国人喜爱读书，一半以上的人定期买书，三分之一的人几乎每天读书。值得一提的是，在所有年龄段的人中，30岁以下的年轻人读书热情最高。

在德国随处可以看到正在阅读的人，车站、咖啡馆和草坪，这不仅限于校园，而是任何场所，似乎每个人的背包里都有一两本书，只要一有时间，他们就拿出来读读。

其实，不光犹太人和德国人爱读书，很多发达国家的人都爱读书。据有关部门粗略统计，美国平均每人每年看书21本，俄罗斯55本，日本17本，韩国11本，我国人均阅读纸质书籍4.56本。全世界平均每年每人读书最多的民族是犹太人，为64本。在以犹太人为主要人口的以色列，14岁以上的人平均每月读一本书。

阅读的意义

这世上最有趣的,第一是人,第二是书。书是获取知识的渠道,提高人素质的有效途径,也是涵养静气的摇篮。正如莎士比亚所说:"生活里没有书籍,就好像世界没有阳光;智慧里没有书籍,就好像鸟儿没有翅膀。"

1. 阅读可以让人丰富知识

书,记载着历史,反映着当下,思考着未来。一位先哲说过:"不读书的人,天和地都是狭小的,他充其量只能活上一辈子;多读书的人,天和地都是广阔的,他能活上三辈子——过去、现在和将来。"读书,如同与最高尚的先哲们携手共游,飞越无数迷人的仙境和神奇的国土;读书,让人变得懂事、文明;读书,让人变得高尚、完美;读书,使人类走出了蛮荒……读书,犹如最美丽、最优雅的思想交流。阅读虽不能改变人生的长度,但可以改变人生的宽度和厚度。通过阅读,你可以视通四海,思接千古,与智者交谈,与伟人对话。对于生命有限的人来说,这是一件多么幸福的事啊。

2. 阅读可以让人灵魂纯洁

"腹有诗书气自华",多读书的人,谈吐风趣,举止得体,情趣高雅,自有生活的品位。读书是与高尚的灵魂沟通,与优雅的品德对话。读书不仅是高雅的休闲,倘若细细品味,还可以让思想有一点余香,情绪有一点缱绻,当然,灵魂也就在阅读中逐渐变得高尚优雅了起来,使人心灵更纯洁、更美丽。读书的人,情怀开阔,境界高远,心态平和。人的情感是在美学思想的熏陶中得到净化和升华的,多读好的文章可以净化人的心灵。一个人的阅读史,即是他的心灵发育史。

3. 阅读可以让人明辨是非

书,是前人智慧的结晶,是智者真知灼见的积累。著名杂文家陈四益曾说过:"许多事情,过去有过;许多问题,前人想过;许多办法,曾经用过;许多错误,屡屡犯过。多读书,就会更多地懂得先前的事情,使自己不至于轻信,不至于盲从。"读书使人明辨是非,胸有主见,帮助我们丰富内心世界,不断完善自我,让我们更会做人、更会做事。从读书中获得的能量将给我们带来更为广阔的社会空间和舞台。

4. 阅读可以让人提升才华

书籍可以教会人们许多相关的知识,让人在阅读中受到感动、教育和启迪。书本是文化、经验和知识的载体。杜甫曾说:"读书破万卷,下笔如有神。"书读得多了,知道的事情就多,思路就会开阔,解决问题的能力自然就提高了。"问渠那得清如许,为有源头活水来。"阅读是提高写作能力的必要手段,它会帮助我们积累大量的素材及写作常识,让我们在写作的时候很自然地运用一些书中的好词好句和生活哲理,提高我们的写作能力。反过来,写作也能够促进阅读水平的提高,让我们的作品更富有文采和美感。高尔基说过:"书籍是人类进步的阶梯。"读书能给人知识和智慧,我们应该多读书,为以后的人生道路打下好的、扎实的基础。

5. 阅读可以让人修身养性

读书的力量常常不是立竿见影的,而是源源不断的潜移默化。书中有人,人在书里,书人合一。这"人",是作者,更是阅读者。读《巴黎圣母院》,在道德与罪恶的较量中,丑陋而善良的敲钟人伽西莫多,给美的分类提供了更多的可能;读《史记》,在历史长河中闪现的各色人生不免让我们思考生与死的大问题;《少年维特之烦恼》让我们读出了纯真的青涩之恋;《飞鸟集》让我们读出了博爱和仁慈;巴金《随想录》让我们读出了沉重的忧伤,并学会在忧伤中奋进。所有的好书都会给我们输送丰富的精神养分,教会我们怎样靠近本真生活。书中的美,源于广袤的自然,成熟于和谐社会,浸润了思考的智慧,所以它的力量得以永恒传承。读书,使人归于宁静和淡泊,使生命超然物外。读书是一种精神的跋涉。"胸无江海心难阔,腹有诗书气自华。"读书可以使我们感受人生的旷达与况味、潇洒与坦然,咀嚼平凡而伟大的生活;读书是理性和感性的融合,可以带给我们最隽永

的乐趣、最恒久的动力；读书可以带给我们心灵的和平，精神的慰藉。阅读的过程则是一个精神交流、心灵碰撞、灵魂对话的过程。阅读，给人的精神打开一扇门，把人领进一番新天地。

读书是一种品质，读书是一种责任，读书是一种情怀，读书是一种境界。读书，不仅可以使人摆脱愚昧，洗去心灵的尘埃，走向文明，还可以赋予人才识与智慧、信念与力量，给人以通向成功、走向快乐的阶梯。那么我们有什么理由来懈怠、轻视阅读呢？让我们静心读书，提升自身素质，净化灵魂，让人心更纯，让世界更美。在阅读上花费的每一秒，都会成就将来更美好的你。

学会阅读

阅读犹如在知识的海洋里遨游，要想顺利地到达理想的彼岸，必须掌握正确的方法、学会阅读。

1. 常用的阅读方法

（1）**强记阅读法**。这是一种侧重记忆的阅读方法，其要点是：①读

完文章后，立即回忆一遍主要内容，力求记住。②重复阅读同一文本时，每次间隔的时间应尽可能地长一些。③记忆应尽可能准确。如果内容不太多，要尽力一次记住；如果内容较多，可以采取分段记忆法。

采用这种阅读方法的好处是能够让阅读者迅速地增加知识积累，有利于能力的培养与提高。

(2) 批注笔记法。批注笔记法就是在阅读时将自己对文本内容的见解、质疑、获得的知识、受到的启发、印象深刻的人和事、精彩的句子或片段、表达的技巧与方法等写在书中的空白处。其形式有三种：①眉批，即批在书头上。②旁批，即批在句子或一段话的旁边。③尾批，即批在一段话或整篇文章之后。

批注的内容主要有三个方面：①注释。读书时遇到不认识的字、不理解的词和不懂的概念，立刻查字典、翻资料将其弄清楚，并且注释在旁边。②批语。将阅读过程中产生的各种感想、见解、疑问等写在书的空白处。③警语。对于文本中十分重要或再读时需要注意的地方，标注上"注意""重要"等字样，为今后阅读提供帮助。

批注笔记法可以使人在阅读时思想高度集中，提高阅读效果和分析、评价事物的能力。

(3) 零星时间阅读法。零星时间阅读法指善于利用课余之后点滴零星的时间进行阅读，积少成多。著名数学家苏步青说过："我用的是零头布，做衣服有整料固然好，没有整段时间，就尽量把零星时间利用起来，加起来可观得很。"写下皇皇巨著《物种起源》的生物学家达尔文说："我从来不认为半小时是微不足道的很小一段时间。"

很多人觉得时间紧张，无暇读书，其实读书是可以随时随地做到的事情，比如在公交站等车的时候，在排队等电梯的时候，在睡前还清醒的时候，都可以拿出书来读，这样会在无形中提高阅读理解能力。

(4) 咬碎骨头法。咬碎骨头法就是对文本的内容进行反复琢磨、咀嚼，直到烂熟于心。数学家张广厚有一次看到一篇关于亏值的论文，觉得对自己的研究工作有好处，就一遍又一遍地读。他说："这篇论文一共二十多页，我反反复复地念了半年多。因为老用手摸这几页，白白的书边上留下了一条明显的黑印。这样的反复学习对研究工作有很大的促进作用。"

采用这种阅读方法的好处是有利于对文章内容进行消化和吸收，缩短知识向能力转化的过程。

2. 讲究阅读效率

在信息爆炸、书籍如山的当今时代，要想增加课外阅读量，用最短时间获取海量信息，就要讲究阅读效率，提高阅读速度。那么，怎样才能做到这一点呢？

（1）**阅读时切忌出声**。人的发音器官的运动速度比眼睛和大脑的运动速度慢得多，如果读出声就会降低阅读的速度。在读书的时候，要注意做到嘴唇、舌头和喉咙"三不动"。

（2）**要一段一段地看，不要一字一字地看**。一段一段地看书，使字变成句子，意思比较完整，可以简化大脑整理和贮存信息的过程，加快阅读速度。

（3）**一目十行**。在阅读不大重要或比较熟悉的地方时，不必逐句逐字地读，可以略读，只要知道意思就行了。

（4）**先读头尾**。在阅读时，可先读文章的头尾。弄清文章的结论和主题，能使阅读者思路清晰，便于理解文章内容，提高阅读速度。

3. 重视阅读选择

书的价值不是用金钱可以衡量的，价廉未必货色差，畅销未必内容好。书的价值体现在内容。如今我们的书种类繁多，涵盖面甚广。世上有各种各样的书，有的不值一看，有的只值看20分钟，有的可看5年，有的值得保存一辈子，有的将永远不朽。即使是不朽的超级名著，由于我们的精力与时间有限，也必须加以选择。如果不善于选择，不但无益而且浪费时间。

选择阅读有三层含义：

第一，读积极健康的书。

第二，读一流的书。

第三，读一流作者写的书。

要了解"积极健康的书""一流的书"和"一流作者写的书"，可以通过权威推荐书目或是请老师、家长推荐。

4. 提高阅读层次

人们一般将阅读分为四个层次，它们是渐进的。第一层次的阅读并没有在第二层次的阅读中消失，第二层次又包含在第三层次中，第三层次又包含在第四层次中。

第一层次的阅读，我们称之为基础阅读。一个人只要熟练这个层次的阅读，就可以学习到阅读的基本艺术，接受基础的阅读训练，获得初步的阅读技巧。

第二层次的阅读，我们称之为检视阅读，其特点在于强调时间，阅读者必须在规定的时间内完成一项阅读的功课。譬如在 10 分钟之内，找出文章的主题思想。如果第一层次的阅读所问的问题是："这个句子在说什么？"那么在这个层次要问的典型问题就是："这篇文章在谈什么？""这本书在谈什么？"

第三层次的阅读，我们称之为分析阅读，就是全盘的阅读、完整的阅读或者优质的阅读。弗兰西斯·培根曾经说过:"有些书可以浅尝即止,有些书是要生吞活剥,只有少数的书是要咀嚼与消化的。"

第四层次,也是最高层次的阅读,我们称之为主题阅读。研究者在做项目研究的时候,往往要先做主题阅读。他们会读很多书,并列举出这些书之间的相关之处,提出一个所有书都谈到的主题,要能够架构出一个相关的主题分析。因此,主题阅读是最主动、最花力气的一种阅读,也是所有阅读活动中最有收获的。

碎片化阅读

所谓碎片化阅读,就是指通过手机等电子终端进行的不完整的、断断续续的阅读模式。毫无疑问,我们现在已经进入了碎片化阅读的时代。每天从手机、网络等电子终端接收器上,我们能接触到海量信息,似乎一切信息、知识唾手可得,阅读显得如此轻松、容易。地铁、公交车上随处可见的"低头族"就是最好的证明。对于这种新兴的阅读方式,公众看法不一。

一种观点认为,垃圾信息泛滥成灾,文化正在大踏步倒退。这主要体现在以下几点:

一是碎片化阅读没有难度,读者不必像过去那样背诵经典,也不必乘车去图书馆借书,只要加以搜索便可获得成千上万册电子书。获取信息的便利,使得大家不再珍视阅读。面对海量信息,轻松、趣味性的东西越来越受读者欢迎,浮光掠影式的阅读普遍盛行。人们所接受的一切信息,构成了人们的思维方式。所以,长期接受这种不需思考的碎片信息的后果,就是让人们的思维变得狭隘,难以进行复杂的思考,容易患上惰性思维症。片段信息的迅速复制传播,也使人们容易受情绪牵制,乃至演变成文化群虻。

二是印刷文化带给人的是一种从容，一种对文本的深入体会，而碎片化阅读则更平面化，剥夺人们阅读时沉浸其中的感觉。尤其是，碎片化阅读具有一种娱乐性和游戏性，使得阅读不再具有文化意义，而成为一种娱乐手段。碎片化知识通过连续的新鲜内容，不断刺激人的大脑，让人始终处于"获得新的东西"的喜悦中，从而难以自拔，这也就是人们难以抑制刷微博、刷朋友圈的缘故。人们只需要付出很少，就可以沉浸在"获得了新东西"的刺激里面。但是，获得的这些信息缺少跟其他信息的联系，难以被提取，而提取得少的内容会被提取得多的内容挤压在记忆的底部。因此，这些碎片化的信息极其容易被遗忘。

三是碎片化阅读还有一个致命的缺陷，那就是缺乏系统性、太过随意化。同时因为阅读环境嘈杂和无序，也往往导致阅读者过目即忘，从根本上说不利于知识的积累和传播。既然是碎片化，也就预示着这种阅读方式是短暂、断裂的，无法持续和长久。而只有那种持续和长久的阅读，才能对促进一个人的知识积累、扩大知识面有用。碎片化阅读取代传统阅读，可能成为一种趋势。然而一旦取而代之，则势必是一场文化

的冲击。

但另一种观点则认为数字化阅读是当下的一种趋势。中国 18～70 岁国民平均每天接触互联网、手机和电子阅读器等媒介的时长有所增加。因为碎片化的阅读方式能够给人们带来大量的信息。信息丰富多元，碎片化阅读促进了大家的交流。同时，碎片化阅读还有快速、及时、交互以及充分利用零碎时间的优点，这些都是传统的深阅读所不具备的优势，尤其是交互性强。碎片化阅读从某种意义上讲，代表着一种阅读的趋势，或者说是时代特征。

还有不少人认为碎片化阅读很难简单用好坏来评价，关键还是取决于个人。个人在参与群体交流时，如何不为流行的群体性情绪所左右，能做出自我分析、决断，这是很重要的。否则，个人就会变成一只无头苍蝇，在信息海洋中茫然不知方向。成为信息的主人，而不是成为信息的奴隶，这正是碎片化阅读的关键所在。

练习与拓展

一、测一测

了解一个人的阅读兴趣，有一定的方法。目前，世界上流行的是美国心理学家勃宁创造的"不完全句子的投射测验法"。这种方法使用起来很简单，我们就用这种方法了解一下自己的阅读兴趣，请你围绕书籍的阅读情况，完成以下 13 句不完整的句子：

1. 今天，我感到……
2. 如果我应该读书，我……
3. 当我长大时……

4. 我最大的收获是……

5. 这个周末……

6. 当我阅读……

7. 我喜欢花一天时间……

8. 当……时,我喜欢读书。

9. 我打算……

10. 能教给人一些东西的书……

11. 使人感到欢乐的书……

12. 我期望……

13. 我遗憾的是……

这些句子完成后,你的阅读兴趣就一目了然了。

二、做一做

请你尝试用上述一种或者两种方法读一本书,制订一项自己的阅读计划并坚持执行,与同学分享自己的读书经验和体会。

参考文献

[1]手岛佑郎.犹太人为什么优秀[M].姜乃朋,等,译.北京:中央编译出版社,2004.

[2]莫提默·J.艾德勒,查尔斯·范多伦.如何阅读一本书[M].郝明义,朱衣,译.北京:商务印书馆,2004.

[3]时龙,李荐.友善用脑思维导图浅说[M].北京:北京出版社,2009.

[4]董丽燕.健脑益智手指操[M].北京:气象出版社,2007.

[5]布拉德·乔伊斯.超级记忆力训练[M].王笑东,译.北京:民主与建设出版社,2004.

[6]彭聃龄.普通心理学[M].第4版.北京:北京师范大学出版社,2012.

[7]北京教育学院心理系.教师实用心理学[M].北京:开明出版社,2000.

[8]尼尔·布朗,斯图尔特·基利.学会提问[M].吴礼敬,译.北京:机械工业出版社,2012.

[9]胡谊.教育心理学——理论与实践的整合观[M].上海:华东师范大学出版社,2009.

[10]刘万伦,田学红.发展与教育心理学[M].第2版.北京:高等教育出版社,2014.

[11]刘翔平.学校心理学[M].北京:中国轻工业出版社,2009.

[12]蒋奖.中学生心理健康教育[M].北京:中国轻工业出版社,2008.